南懷瑾
作品

新旧教育的变与惑

人民东方出版传媒
東方出版社

编者的话

南怀瑾先生是近年来享誉国内外，特别是华人读者中的文化大师、国学大家。先生出身于世代书香门第，自幼饱读诗书，遍览经史子集，为其终身学业打下了扎实的基础；而其一生从军、执教、经商、游历、考察、讲学的人生经历又是不可复制的特殊经验，使得先生对国学钻研精深，体认深刻，于中华传统文化之儒、道、佛皆有造诣，更兼通诸子百家、诗词曲赋、天文历法、医学养生等等，对西方文化亦有深刻体认，在中西文化界均为人敬重，堪称“一代宗师”。书剑飘零大半生后，先生终于寻根问源回到故土，建立学堂，亲自讲解传授，为弘扬、传承和复兴民族文化精华和人文精神不遗余力，其情可感，其心可佩。

南先生一生极为重视教育，尤其重视青少年教育问题，认为这直接关系到中华文化的发展和明天。针对青少年普遍感到迷惘、彷徨的症结所在，他亲自撰文，结合自己的亲身经历和感受，从当时的现实问题，如心理问题、二十世纪的政治哲学思想问题等，追溯到几千年前的历史文化，层层剖析前因后果，句句发人深省。这一系列文章一九七六年间陆续在《人文世界》杂志连载，后合编成册，一九七七年以

《二十世纪青少年的思想与心理问题》为名由老古出版公司出版，受到社会各界的推崇，引起强烈共鸣，被誉为“当前社会之解剖书”、“青少年思想教育之诊断书”、“中西文化交流之过滤书”等。一九八四年三月第三版时改名为《新旧的一代》，复旦大学出版社在一九九零年出版简体版时又将书名改为《亦新亦旧的一代》。我们在重新编辑本书过程中，一致认为本书是南师谈论教育问题的一部非常重要的著作，应引起重视，经刘雨虹老师重新审定，改名为《新旧教育的变与惑》。

南先生认为，当时各种社会问题的根源在于思想文化与心理问题，他深入浅出地分析了20世纪以来中国社会的变迁及其对人们心理状态的影响，西方文化对东方社会与东方传统文化的影响，新旧教育制度之不同，武侠小说与社会心理教育的关系，以及人性与人欲等问题，指出，二十世纪末期，因受古今中外思潮的交流、撞激，传统的宗教、哲学、教育等道德理性的准绳命如悬丝，青少年思想彷徨、矛盾，情绪郁闷、烦躁，此乃历史趋势中自然的现象，文化思想在变动的时代必起的波澜，也是人类历史分段生命中当然的病态。我们既不能凭历史文化的感情而一切陷于悲观，更不能徒受时代的感染而盲从冲动，以至于忽略了随时偕进的理性思想。我们所要的，是有特立独行和“确然而不可拔”的精神，融合古今中外所长，建立新的文化机运，使后来一代走上安定的道路。他更进一步地指出，暂且搁置形而上的生命本体论不谈，遗传、家庭、历史文化、时代潮流、社会环境与学校教育等是形成青少年思想与心理问题的主要原因。为此，他主张从历史文化演变的过程中追溯前因后果，寻求药方，正本清源地检讨家庭教育、社会教育、学校教育。他认为，中国家庭教育的精神是注重人格的教养和礼仪的规范，其标准和核心是“孝道”，本质上是“爱”的延伸和“爱”的反应。至于学校教育，最初的目的和精神也是人格教育，秦汉以后发展为科举取士、登科及第而做官。而现在很多青少年对中国固有文化处于“褪色”而“真空”的状态，对此我们应深思反省而庄敬自强，改正教育与学风，建立一番复兴文化的新气象。

我社与南怀瑾先生结缘于太湖大学堂。出于对中华优秀传统文化的共同认识和传扬中华文明的强烈社会责任感、紧迫感，承蒙南怀瑾先生的信任和厚爱，独家授权，我社将陆续推出南怀瑾先生作品的简体字版，其中既包括世已有公论的著述，更有令人期待的新说。作为一代国学宗师，南怀瑾先生“通古今之变，成一家之言”，毕生致力于民族振兴和改善社会人心。我社深感于南先生的大爱之心，谨遵学术文化“百花齐放，百家争鸣”之原则，牢记出版人的立场和使命，尽力将大师思想和著述如实呈现读者。其妙法得失，还望读者自己领会。

东方出版社

二〇一五年七月

目　录

新版说明

这本书是集合许多短篇文章而成的，每篇都是南师怀瑾先生所写，最初是在台湾的《人文世界》月刊上，分期刊登。

《人文世界》月刊是南师在一九七一年所创办，当年的五月正式出版第一期。此后每期皆有南师亲撰文章至少三篇。内容则包含对各家学术的探讨，心性修养，以及对教育、青少年等问题的研究，陆续皆以记录文形式发表。一年多后，因工作繁忙，文章也渐渐少写了。

一九七七年二月十八日（农历丁巳年正月初二），南师开始闭方便关，并嘱古国治同学成立老古出版社（三年后改为老古文化事业公司）。这本书就在当年的九月出版了，书名是《新旧的一代》。后在大陆印行简体字版时，书名改为《亦新亦旧的一代》。

南师一向重视教育问题，本书内容，谈及教育文化方面的篇章较多，故在重新修订出版之际，更改书名为《新旧教育的变与惑》，并略述本书源起，以告读者。

刘雨虹　记

二〇一五年七月　庙港

三版献言

《新旧的一代》原名《二十世纪青少年的思想与心理问题》，一九七六年间陆续在《人文世界》杂志连载过，出书以来一直受到社会各界广大读者的共鸣和推崇，誉为当前社会问题之解剖书、青少年思想教育之诊断书、中西文化交流之过滤书，等等。由于作者南怀瑾老师经历过旧社会的种种礼教，也接触到新时代的般般改革，因此，每一件社会问题的来龙去脉，在他口中委婉道来，就仿佛一出剧本中的历史诗篇，但见诸方英雄豪杰、历史人物蜂然而起，在多重变动的大时代中，轮班上演，转眼又默然消逝，了无踪迹。上下古今多少事，尽在笑谈中。从讲演中的启示，使我们这些年轻学子，发现了问题的症结。从历史人物的典范，使我们确立自己安身立命的中心思想，找到了“中华文化的根”，不再“失落”，也不再“迷失”……

今天打开各种报章、杂志，所有政论家对世界动乱根源的分析，都以“经济的不平衡”、“政治的对立”为引发一切社会问题的主因，而忽略了在政治、经济等表面问题背后的思想文化与心理问题。政治是人对事的安排，主体在人；经济是人对物的处理，主体也在人。而指导人的行为是主观的思想和客观的文化背景，换句话说，有良好的教育基础及文化素养的人，才能提升到更高的政治层次和经济境界。否则尽管政权再巩固，经济再发展，两种资源都是有限的，怎禁得住人类无穷欲望的冲击？反之，没有精神文化做基础的物质文明，能为人类带来真正的幸福吗？

“神秘的西方，现实的东方。”这是近几年流行美国的口头禅，乍看之下似乎是颠倒了，其实说的是现在中、西文化相互冲击的现况。在印象中，产业革命以来的西方是崇拜唯物的、科学的、功利的，但到二十世纪的末期，却因科技文明的过度发展，人的精神生活反而造成空前的紧张和压迫，转而追求心灵的自由和解放，存在主义、达达主义、波普艺术、嬉皮生活乃应运而行，终因没有深厚的文化基础为其背景，只如一阵狂风吹过，便无影无踪了！现在呢？这些西方的先进们，抬头仰视东方古奥的文明，从《易经》、太极拳、瑜珈术，乃至禅宗棒喝，到道家养生秘诀，愈来愈神秘，愈神秘愈吸引人，昔日为西风吹乱的黄花落叶，夹杂着飘零不尽的余果残核，并随东风缓缓倒吹，这些文化的杂碎，点点滴滴又输入了西方。

东方世界呢？在饱受西方物质文明的冲击及侵略之后，痛定思痛，早已尽弃其固有精神文化，决心全盘西化了。日本的模仿成功了，其他各国都在跟进直追。换句话说，只有科技的、实利的，才是目前东方人追求的目标，这就是所谓“现实的东方”的语意。对于这两种历史主流的反动，到底是两种极端现象的反动呢？还是中西文化确已开始在融通、调和呢？

清末迄今，中国历经百余年的苦难，中华文化的命脉已到存亡绝续的关头。昔贤有言："中国文化存，则中国兴；中国文化绝，则中国亡。"秉此精诚，我们决定将《新旧的一代》一书扩充、再版，也希望藉此文字因缘，能够把中华文化的种子，传播到世界各地，生根，发芽，茁长。这是我们的希望，也是我们的信心。因为只有中华文化，才能真正地统一中国。也只有中华文化，才能真正带给这个世界和平和安乐！

老古文化事业公司　陈世志

一九八四年三月二十九日

出版前言

有人称我们这一代为“失落的一代”、“迷失的一代”，或是“没有根的一代”。

我读大学一年级的时候，正逢南怀瑾老师讲述“二十世纪青少年的思想与心理问题”。这个问题对我们来说，实在是太重要了。当时南老师讲得很起劲，句句发人深省，而且层层剖析问题的前因后果，从目前的现实问题，追溯到几千年前的历史文化。青年同学们听得极有兴趣，每堂座无虚席，因为有太多太多的启发，解答了我们许多的疑惑。

南老师的本意，想把心理问题、生理问题、现实问题，甚之，对二十世纪的政治、哲学思想问题等等，作一系列有系统的讲述。这些问题也正是我们这一代青年感到迷惘、怀疑、彷徨的症结所在。

谁知刚刚讲个序幕，正要进入高潮的时候，他忽然停住不讲了。我们屡次要求他继续讲下去，南老师答应我们稍过一阵子，继续再讲，也好作个交代。不过，南老师课务繁，杂事多，倒是事实。

我们一直期待着，一年复一年。时间过得很快，一转眼，已经毕业好几年了。可是，仍然没有机会见他旧话重提。现在，怀师又掩室闭关，与外界谢绝往来，不知道哪一天他才出关，为我们后一辈的青年继续研究这些切身的问题，想来不禁令人怅然。

二十世纪是一个动荡的时代；二十世纪的中国，更是在内忧外患中颠沛困顿，力图自强。辛亥革命，中国的专制政体被打倒了；新文化运动，中国的古老文化被破坏了。生长在这新旧文化夹缝中的青年，整个思想便陷于古今中外的矛盾混乱之中。

如今，再翻开前几年南老师的讲稿一读，虽然说的只是问题中许多序幕的话，但是，仍然具有震撼性的启发作用。这些讲稿曾在《人文世界》杂志发表过，颇受各界人士的重视，有许多读者纷纷来函要求出版单行本。所以把它们合编成册，另外再附加南老师的其他几篇讲稿，命名为《新旧的一代》，出版贡献给青年朋友们，以及关心青少年的各界人士作为参考。

古国治　谨志

一九七七年六月

一、不满现实

永远不满现实的历史心理

时代演变中的思想与感情

尚未成熟的历史与文化

生为二十世纪末期的中国青年，身受古今中外思潮的交流、撞激，思想的彷徨与矛盾，情绪的郁闷与烦躁，充分显示出这时代的紊乱与不安，因此形成了青少年们的病态心理。代表上一代的老辈子人物，悲叹穷庐，伤感“世风日下”、“人心不古”，大有日暮途穷、不可一日的忧虑；正在茁壮中的少年，既无高瞻远瞩，更不知道如何去后顾深思，前路茫茫，一片空白，在无所适从的情态中，陷于烦闷。这是老一辈子的人应该担替的罪过？或是这一代青年们的错误呢？其实，谁也没有罪过；不能把这个责任，推诿给谁来单独承当。这是历史趋势中自然的现象，文化思想在变动的时代中必起的波澜，也是人类历史分段生命中当然的病态。

如要讲究责任谁属的问题，在两千多年前的东方，当中国春秋时期，遭逢历史的巨变，我们公认的圣人孔子，著述《春秋》大义，是把这种过错，责之于当时身在其位、力足以谋国的“贤者”。孔子这种论断的是与否，那是历史哲学上的一个问题，姑且不论。但至少要知道在春秋时代，教育和知识并不普及，因此所谓“贤者”的士大夫们，的确是义不容辞、难逃其咎的。而当时印度的圣人释迦牟尼，创立佛教，敷扬佛法，却认为历史变乱的罪过，是人类与一切众生的共同“业力”所造成。当共同“业力”构成大势所趋的时

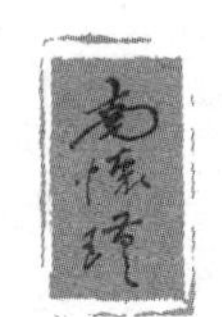

期，犹如转动速度极快的火轮，当它正在旋转的时候，谁也无法插手使其停止、阻挠或堵塞，只是增加旋力发生巨变而已。孔子的道理是“因人论世”，所以《春秋》责备贤者。释迦的道理是“因世论人”，所以佛法的观点，便深深悲叹众生的“定业”难移。此外，老子的“无为”、“因应”观点，也正同此理而立论。我们如从“因世论人”的观点来说，释迦历史哲学的观念，自有其充分理由的论据。如果根据此理，大有可能会袖手旁观，喟然叹息芸芸众生至可怜悯而已。如果从“因人论世”的观点来说，“天下兴亡，匹夫有责”。为了承先而启后，继往而开来，那么生逢历史时代剧变中，对于现代青少年的思想与心理问题，必须要检讨疏通，求其开展新运。但要检查现代青年思想的病根所在与心理病态形成的原因，又必须要从历史文化演变的过程中，追溯前因与后果，再来寻求治疗的药方。

永远不满现实的历史心理

在五六十年前的前辈时代，也正是我们出生成长的阶段，我们也正如现代青年一样，具有勇敢、决心、幻想、冲动的情绪，同时更有不可一世的气概。但也正和现在青少年相似，怀有无比的彷徨、郁闷、烦躁和敌视现实、否认一切的心理。这是十九世纪末期和二十世纪初期，新旧文化思想开始交替，东西方文化迈向交流融汇，激起中国文化新思潮的巨浪阶段。由裹成三寸金莲的小足，解放为大足，终身不出闺房一步的女子，争取男女平权。男子们由终日背诵之乎者也，提考篮、穿长袍马褂上京求名，而变为写作呢吗啊，

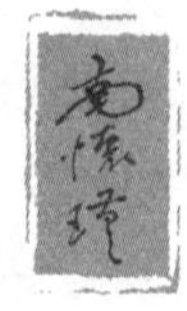

死啃ABCD，割须剃发，穿上西装革履，大谈洋务与西学，夸为识时务的俊杰。总之，事无巨细，学无古今，人无老少，一切都在求变、待变、必变的巨变过程中。我们所接触的中年以上的老前辈们，他们面对此情此景，满腔忧患，无限感伤，随时随地都在摇头叹息“人心不古”、“世风日下”，而进入暮年晚景的低潮，含悲抱愤而去。但在无情岁月的推排之下，曾几何时，我们这些青少年们，不满当时的现实和轻视、否定当时老前辈们摇头叹息的情景，也渐渐地进入我们的心境，成为生活习惯的一种自然姿态。到了第二次世界大战前后，不知不觉，自己也进入中年，昔日老前辈们不满现实的叹息感言，又渐渐地出自我们之口。这种循环性的历史悲剧，犹如新旧交响的乐章，具有时代性旋律的哀怨，永远存在于历史的阴影里。这也正是说明历史时代的途程在不断地向前推进，而人类在时代的轮转中，却永远不满现实。不论任何时代，青少年们固然如此，老年人们又何尝不如此！由于这个憬悟，我常警醒自己，不必忧伤，不必感叹，假如我过去了，太阳照样会从东方升起，历史依旧会演变下去，后一代的人们也许比我们活得更有趣，更快乐，也可能更疯狂。

时代演变中的思想与感情

由于身历其境，而了解人们历史循环性不满现实的通病，进而探寻这种随时代年龄而发生差异的思想与心理原因，便可知道人类的感情作用经常会左右理智慧思的极限。人的感情，不但对个人私心事物有占有把握的牢固性，同时

对于具有历史性的生活形态和精神思考的习惯、文化背景、时间和空间的惯适，也都有浓厚的感情作用。每当历史随时代的推进而演变的时候，由于人们旧有历史的牢固习惯，只能接受渐变的推排，极难适应突变的打击。尤其对于眼前现实的精神生活，与耳目感官日常周遭事物引发的感想，例如与社会秩序、家庭环境有关的道德规范，行为的善恶标准等观念，在历史文化变更的过程中，最容易引起青少年的心理反应和老辈子的伤感。尤其在二十世纪末期的剧变中，更为显著。站在我们这一代的立场，看到下一代的堕落和疯狂，真有不胜扼腕叹息之感。如果经过一番深思熟虑，检讨历史文化演变的得失、前因后果，便可比较客观地了解青少年们思想与心理趋向的矛盾。在这个时代中，旧的过去了，新的还未产生，随着物质文明的发展，如朽索之驭怒马，他们失去了可循的准绳，找不到控驭自己的鞍辔，盲目自恣，陷于一片迷惘的境地。不但东方的青少年如此，西方乃至全世界的青少年，都已染上这种时代性的传染病症。其实，在这个时代中，真失去了道德的标准吗？完全没有善恶的意识吗？不然。道德和善恶，它永远存在于人心之中，它是人性中自然具有的一种功能，它只是随着时间和空间的作用转变形态。在人类的文化史上，过去的道德观念，是基于宗教的因果观念而定；教育的规范由此而教育，思想的习惯由此而思想，稳定社会秩序两三千年。现代的道德观念，由于物质文明的发达，工商业快速发展中的刺激反应，它逐渐接近以经济的价值观念而定，下意识的只有有价值与无价值的辨别。过去的善恶观念，是以人性本应善良，对于心理和行为的善

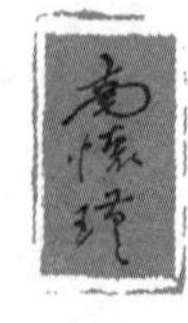

恶，具有宗教性的报应而定论。现代的善恶观念，由于科学促使物质文明重要，同时曲解自由而又极度偏向个人的自私，几乎走向以需要与不需要来决定善恶的标准。这样的道德观念、善恶观念，虽然还未真正构成为现代人思想心理的定型，它的对与不对、是与否，实在是非常急切地等待着我们这一代去博学、审问、慎思、明辨。既不能凭历史文化的感情而一切陷于悲观，更不能徒凭时代的感染而盲从冲动，以至于忽略了随时偕进的理性思想。

尚未成熟的历史与文化

生当这个世纪末期的青少年们，传统的宗教、哲学、教育等道德理性的准绳，已经命如悬丝，失去了它固有的信赖的时候，我们所要的，是有特立独行和“确然而不可拔”的精神，融合古今中外的所长，建立新的文化机运，使后来的一代走上安定的道路。

同时更需要认识人类历史文化的成果，它永远还很年轻，需要新知的灌溉而求其成熟。宇宙的生命，无论过去与未来，它永远是常新不古，所以曾子在《大学》中强调汤之盘铭曰：“苟日新，日日新，又日新。”《易经》也常提到“随时偕进”、“与时偕极”的道理，这都是提醒人们不要满足过去，留恋过去，要展望明天，开启未来。青春的活力，它永远是推进历史文明的动能。道家素来认为“天地是一大宇宙，人身是一小天地”。为了说明人类的历史文化永远还很年轻，引申道家这个观念，可以说“历史是一部大人生，人生是一部小历史”。

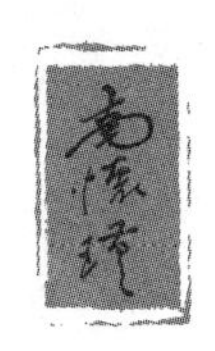

任何一个人，天赋的本能，都有不同的个性和幻想，尤其在少年和青年的阶段，幻想经常占据青春活力大部分的时间。幻想不是过错，幻想加上学识，在思想和行为上，便成为有守有为的学问素养。幻想不加力学，它可能会变成无羁的劣马，自误也会误人。累积人类的个性、幻想、学识，构成为思想、行为与经验的成果，便综合成为人类的历史与文化。然而任何一个人，由青少年阶段富于幻想的时期开始，其间加以力学，或者不学，便早已奠定一生成败的基础。到了中年，便是实现他的幻想而付诸实际行动的时期；无论是事功的成就，或是学术的著作，甚至于宗教家们修道与传道的生活，都不外于此例。到了晚年，大概都是留恋欣赏过去的成果，或者感叹过去的哀乐变为回忆而随时消逝。所以孔子也说："后生可畏，焉知来者之不如今也。四十、五十而无闻焉，斯亦不足畏也已。"如果以现代医学的观点来说，每个人由青少年的时期，脑力开始成长，一直到了五十多岁以后，才是脑力成长到鼎盛的时期。但上天注定人类可悲的命运，正当他脑力和智慧刚好成熟，经验的累积又正是到达高峰的时候，便像苹果一样，红透熟烂，又悠然地悄悄落地，还归虚无。天赋特别、老当益壮而成为瑰宝的，那是普遍中的例外，为历史点缀了壮丽的场面。此外，无论是从事出世事业的千秋人物，如宗教的教主和大哲学家们，或是从事入世事功的伟人，谁也无法逃出这个自然的规律。

人生的生命既然跳不出这个规律，他在智慧上的成就，可以创造历史文化的期限，又如此的短暂而渺小，所以古今中外，累积几千年来的历史与文化，可以说都是青年人扮演

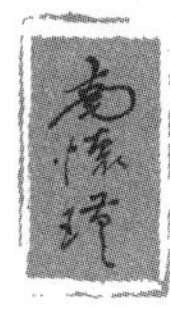

主角的成果，中年或老年人担任编辑而写成；它永远都很年轻，并且尚未完全成熟。虽然由原始的宗教而发展为哲学，从哲学的范围而扩充到今天科学的成就，但摆在人类面前几千年的老问题，所有人生生命的奥秘、宇宙生命的奥秘等悬案，始终还没有得到确切的解答，使人确信不疑而安心于定论。并且显而易见的，集中古今中外人类几千年的思想与学术，仍然不能使这个人类社会得到永恒的平安，享受幸福而快乐。虽然在这个时代，大家震惊于科学的成就，普遍高唱科学文明，但大多数人都被科学文明冲昏了头，忘记了科学的发展只是整个文化的一部分而已。况且人们又迷失了科学的方向，只把自然科学的发展当作文化全部的需要，忘记精神科学，于是愈来愈空虚，几乎快要成为思想白痴的时代了。尤其科学的分类虽多，到目前为止，却没有一个综合科学的创立，更不能与精神文明的哲学会师，这是一种非常盲目的危机。佛说："菩萨畏因，凡夫畏果。"凡是现代有志有识的青少年们，应该在科学文明的时代中，创立新的历史文化。如此才是现代青年新的出路，徒然地彷徨和郁闷，于人于己，丝毫无补。但既不要为了科学的待遇而求科学，更不要忘记精神科学的急需建设；否则，这个世纪末期的一部人类历史文化，必然要走到"疯狂与镇定剂齐飞，颓丧与麻醉品并驾"的境界，那是毫无疑义、迫在眼前的社会病态。

二、西方文化的影响

现实与反现实

近世西方文化的三股潮流

二十世纪开始的青年与中国

五四运动以后的重重难关

现实与反现实

上文讲过人类的心理是永远不满现实的，但生存在现实的世间，又必须要面对现实，而且想要把握现实。可是当现实摆在面前的时候，却又不满现实，想要跳出现实、摆脱现实。人，就在这种矛盾的心理状态中，反复忙碌地度过他的一生。而人类的历史和文化，也就在这种矛盾的现象中，构成了它巍巍壮观的册页。如果从另一观点来看，正因为人类有了这种心理，才促成历史文明的进步；但从历史生命的过程和现实人生的经验来说，这种面对现实而又反现实的矛盾心理，便是造成人生悲剧和历史悲惨局面的主要原因。那么，除了这种尖锐对立的现象以外，只要安于现实，便是常理吗？而且自古至今，人类如果一向安于现实，历史和文明哪里会有进步呢？这当然是个很重要的问题，并且也是现实与反现实问题的关键所在，有待逐步分析以寻找它的答案。但把这个问题牵扯到历史文明的进步和退化来讲，便又引出对历史哲学的认识问题，须得首先解决历史文化到底是进步或是退化？

如果依照东方文化中有关历史哲学的观念，无论是中国的儒家或道家，以及印度的佛家思想，对于历史文化的发展，大体都认为“今不如古”、“新不如旧”、“动不如静”。所以人类的历史文明，经历愈久，退化愈甚。即如西方文化

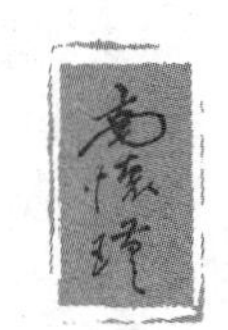

中宗教哲学的观念，也和东方一样，同有这种基本的看法。但是，根据历史的现象和人类现实生活的需要来讲，历史的文明不断地向前推进，不但日新月异，而且必然需要在进步中更求进步。那么，历史与文化到底是进步或是退化呢？这就要从两个基本不同的角度来了解它的答案了。

从东西双方古代文化的历史哲学来说，认为人类历史的发展是退化和堕落的，那是从宗教性道德观念的立场，看到精神文化的褪色，因此而使人类社会迷失方向，拼命追求物质欲望所生的过患而言。如果从人类社会发展的趋势来说，因为物质文明的日新月异，促进社会的发达，使人类在生存方面，社会的秩序有了日新的进步，因此而有多方面的繁荣。在生活方面，人类更多更大的需要得到满足，因此而享受物质文明的便利。所以便认为历史文明是进步的。由此可知，所谓历史是进步的，是指物质文明与人类的现实生活而言；认为历史是退化的，是指人类的精神生活距离自然的境界愈来愈远的结论。

近世西方文化的三股逆流

对于历史文明的进步或退化的观念，有了如上的了解，便知人类对于现实和反现实的问题，是从精神意境和物质文明的矛盾冲突而来，历古至今固然如此，往后也未必能够安稳。现在试举近世和现代西方文化影响了二十世纪青少年思想和心理的趋势，便可知道这种演变的前因和后果。

近世和现代的青少年们和过去的人们一样，最喜欢憧憬已往历史的口号。在西方文化中，动辄提到欧洲的文艺复

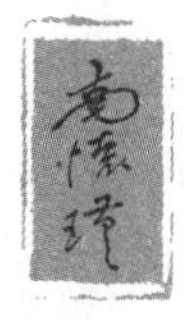

兴；在中国则经常提出五四运动。其实，历史的往事过去以后，剩余的陈迹残留在人们的脑子里，便形成一个笼统的观念。除了真正的历史学家肯用心分析历史上的前因后果以外，大多数的人都是模糊不清，随便引用似是而非的观念，借题发挥而已。

（一）西方欧洲的文化，经过中古长期的沉闷以后，自然就引发出反现实的历史行为，于是形成了十五六世纪之间的文艺复兴运动。由文艺复兴运动所带来的欧洲历史的新境界，掀起了西方固有文化思想的自由主义和民主思潮，促成了法国等地的政治革命，形成了近世西方文化思想中民主和自由的新观念。但由此一变再变，民主思想和崇拜英雄的心理互相矛盾，自由主义和自私心理夹缠不清。于是便又形成历史性反现实的行为，而产生西方历史文化的第一股逆流：如英、德、法、意等新型国家“外用强权，内唱公理”之军国主义的出现。同时又变更民主的专制为独裁，假借公理的正义为侵略。当此之时，受西方文化笼罩的欧洲各国的青年们，其思想大体上除倾向于“富国强兵”的光荣以外，纵然有不满现实的地方，也只限于反古求新，以及对少数社会和个人际遇的不满。

（二）但从十七世纪以后，工业革命和科学的创造带来高度的物质文明，促使工业的发达和国家经济思想的勃兴。一方面显示出科学文明繁荣了新时代的社会，一方面却暴露了工商业发达以后资本主义的弊病，而呈现出贫富之间过度的悬殊，于是促使新的不满现实的西方文化思想，形成第二股反叛的逆流。如马克思、恩格斯等针对当时欧洲社会的病

态，提出资本论和共产主义，扩充古希腊哲学的唯物思想，构成一系列的理论，影响了继起的二十世纪。

（三）另一路反现实的思想，便是十九世纪中叶开始，由丹麦医生契尔·伽德（Kier Kegard）研究神学及哲学的结果。他认为机械文明桎梏了人性，为了要拯救世人跳出机械文明的疯狂病态，便倡言存在主义的思想。不幸的是，他的学说，不但救不了人类，而且也不能自救，结果未及中年，他便忧郁而死。可是尚未成熟的存在主义，却同弗洛伊德的性心理学一样，不久即风靡欧洲，又普及于全世界，影响青年们的思想和心理。外不足以救世，内不足以自救，它所产生的反作用，使有些人把自我陶醉和自私、狭隘的心理思想号称哲学。

这些西方文化的思想，跟着科学文明和工商业机械的发达，以及军国主义武器的扩张，真有如蒲松龄所说的“玄夜凄风却倒吹，流萤惹草复沾帏”，很快地吹到了东方，同时又错综复杂地引起了第一次世界大战。

人类的心理思想总是那样可怜和可笑，始终是自编、自导、自演的喜剧开场，而后却自造成悲剧闭幕。初由不满现实而反现实开始，最后再把它投向凶神恶煞的怀抱中而自悲自叹。

二十世纪开始的青年与中国

正当西方的文化思想，尚未从繁华的噩梦中步入灯火阑珊的时候，一阵阵的西风，吹醒了有五千年保守文化的古老中国。自十九世纪的末期，清朝咸丰、同治年间开始，十分

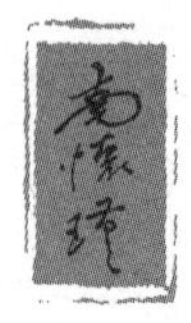

勉强地向西方文化低头，试着学习他们的轮船、大炮、洋枪、火器等。先有机械文明的输入，进而至于宗教、哲学、人文科学、自然科学，以及西餐、大菜、咖啡、牛奶、跳舞、歌唱、奶罩、三角裤等，无一不来。把白米饭换换胃口，吃些牛奶、黑面包还不要紧，最惨的便是由人文思想而到现实的政治，不管是自由、民主、专制、独裁、无政府主义等思想，一套一套地都搬上中国的舞台，大吹，盲目地实验一番，结果弄得惨不忍睹，无法收拾。虽然有国父孙中山先生坚强地建立起三民主义的防线，却仍然堵不住这股狂飙的滚滚来势。其实有些思想是西方文化的残余产品，并非东方或中国文化的玩意儿。

五四运动以后的重重难关

距今五六十年前的中国青年们，一方面痛心于国家民族的懦弱而急欲救亡图强，一方面又受外来新颖的西方文化之影响，于是整个思想陷于古今中外的矛盾冲突，而呈一片混乱，因此形成心理上的群情激愤。“革命”“打倒”的呼声到处嚷嚷，认为必须学习西方历史文化的先例，来个“文艺复兴运动”才能救中国。因此，自然而然地便有中国五四运动的发生。有些人把五四运动的功罪，归之于某一人或少数人身上。这是昧于历史文化大势的看法，有待沉静研讨。但当此之时，尤其是知识分子们，在文学的领域里大肆口诛笔伐，极力挑出旧社会的毒刺，加上私人的恩怨心理和愤世嫉俗的情绪，对于中国文化流弊所生的阴暗面和丑陋面力加诋毁，因此大受当时青年们的赞赏和崇拜。文学所反映出的不

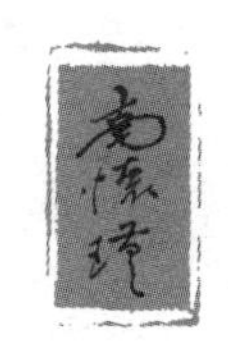

满现实和反现实的心理，在每个时代里往往胜过哲学、宗教、教育等的影响力量。二十世纪初期中国青少年的思想与心理，就在这种不古不今、不中不西的心理状态中而陷入一团混茫。

但我们这一代不幸的命运，坎坷不已。正当国内的心波未平，东方的日本又掀起侵略的浪潮，促使我们仓促抗战，百举皆废。经过八年长期抗战，正在茁壮中的青少年们，身受国破家亡的打击，除了愤怒与沉哀的心情以外，对于文化思想的重整与开建，已无能为力。

总之，自十九世纪末期到二十世纪初期的中国青少年们，也就是现在大家所听到看到的中老年人，犹如一群拆除旧式违章建筑的拆除大队，又像一批收拾垃圾的清洁人员。当他们年轻力壮的时候，大家拿着锄头板斧，想为后代开辟一条康庄大道，建筑一个新的文化乐园。谁知正当开工的时候，忽然有人放了一把野火，最后只剩下一片荒凉，百无一就。后来跟着来了一批小孩子，看到这幅图景，便不知所云地大骂这些前辈的老少年们“无能”、“不负责”。他们愈看愈有气，于是就光着屁股、跳着脚，乱跑、乱骂，胡来一气。哭着、叫着、骂着，一无结果。大伙闹倦了，茫然一片，只好横七竖八躺在地上耍懒，自称乐天知命而不忧了！这样一幅画面，足以代表了二十世纪的东方和中国历史文化“留取丹心照汗青”的册页，也就是形成现代青少年们思想和心理上一片空白的原因之一。

三、大时代的小故事

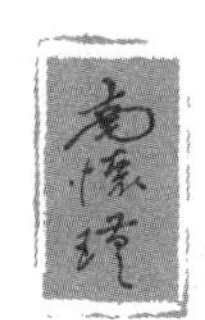

开始没落的西方文化

第二次世界大战结束了东方的一幕悲剧，但也同时裁判了西方的命运。意大利、德国、法国，乃至在十九世纪号称无落日的英国，都相继没落了。残余的欧洲文化，除了一些历史的陈迹供人凭吊以外，过去号称列强的欧洲“诸侯”之邦，如德、法等国，只留下“可怜无定河边骨，犹是春闺梦里人”的女多男少景象，使人感慨唏嘘而已。

“十年风水轮流转”，目前震惊世界的西方文化，只有美国的美元与科学，它建国将近两百年的年轻历史，美国式的民主和自由。运用这些本钱，美国小开们后来居上，用毫无领导世界历史的经验，加上“信道不笃，为德不果”的作风，来摇荡乾坤，捭阖樽俎。然而不论美国的文化是如何的幼稚和浅薄，在二十世纪的最近三十年，它对于中国和东方，以及其他的科学文明和工商业落后的地区而言，却实在有左右影响的足够力量。

现在要讲现代青少年的思想与心理问题，而它与西来的“飘”风却有非常密切的关系。因此，首先要向大家述说我亲自经历的两三个小故事，以便从侧面来透视它的正题。

美国青年观念中的现代文明

第一个故事：五六年前，有一位美国来华留学的学生，

跟我听课将近六七个月。有一天晚饭后，我们开始闲谈。他问我："你常说我们要先发起救世救人的志愿，才能作学问，那是为了什么?"我当时很惊奇地说："你听了这样久中国文化的课，对于这种基本的精神，还没有弄清楚吗?"他说："我只问你为什么要济世救人?"我说："你没有觉得这个世界有太多的惨痛吗?"他说："这个世界在现世纪中科学文明如此发达，人们多么幸福，哪里有太多的痛苦呢?"我说："你没有看到因为科学文明的发达，促使世界第一次、第二次的大战，多少人受害受苦？而且战争的悲剧还未就此终场。"他说："这两次世界大战也只是局部性的。如果以整个世界来说，到底很有限。大多数地区的人，都很幸福。这个时代真是最光辉最美丽的时代。"我听得呆了。同时，也明白了美国现代青年们的思想与心理。我接着问他："美国青年们和大多数的美国人，都和你这种观念一样吗?"他说："大概如此。"我便说："假如你是澳洲或瑞士的青年，一定早就认为我是疯子，拂袖而去了。可惜你不是东方人，更可惜你不是东方的中国人，所以对于现世纪的文化思想所造成历史的惨痛事实，以及有关的灾祸，并没有亲自经历那么多的教训。一时和你也说不清楚，慢慢地再交换意见吧！不过，我也因此了解你们'秀才不出门，便知天下事'的错误心理。更明白你们所谓的中国通，根本上便患有先天性不通的偏见。"

他最后又说："你们常常说我们患有民族优越感的心理病，其实，我在东方一年多，住过日本、印度，又路过东南亚等地。现在跟你们住了六七个月，我发觉最富于民族优越

感的是东方人，尤其是东方的中国人。”我笑说：“你已经沾有中国文化师生之谊的礼貌，你不好意思说民族优越感最强的是我，对吧?”说完了，有许多未尽之意，便在彼此哈哈一笑中结束了这一次的谈话。

美国教授观念中的中国文化思想

第二个故事：四年前，一位美国某大学的社会学教授，在暑假期间访问东方。因为他读过我所著《中国特殊社会问题》的英文译本，特别安排与我碰面，又提出好多问题。其中，他问道：“中国经过几次等于亡国的时代，但是这个国家、民族、文化，不但没有亡掉，而且每经过一次历史的灾难，反而更加光辉而强大，这在西方历史上几乎是绝无此例，这是什么力量?”我当时简单明了地答复他：“这是文化统一的力量。”他听了，虽然手里不停地在做笔记，但是他的态度充满了怀疑。我不等他再问，就说：“当我们在春秋战国时期，和欧洲一样，诸侯之国大小数百，言语、文字、经济、交通等都各自为政。自从秦、汉统一以来，‘书同文，车同轨’，因此不仅是政治上的统一，实在也是中国文化的大统一。后世两千年来，中国各地的方言、习惯与风俗，虽然还保持各自的惯例，甚之，相隔数里，便有言语完全不同的情形。但是，中国的文字和文化思想却完全一致，而且远及亚洲的日本、韩国、越南等地。因此，后来中国的历史，虽经历代政治上的变革，更改了历史的面貌，但是民族文化的大统一，始终是一贯不变的。假如西方古代的欧洲，文字和文化的统一也和中国一样，那么，西方的历史便不是现在

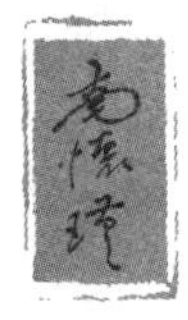

的情形了。不过，话说回来，正因为西方的历史背景不同、文化背景的同异互见，所以才有十七八世纪以后的进步和今天西方文化在美国表现的情况。我们传统文化的精神，儒家、道家的思想，都是要求统一的。”

最后，他提出儒家孔子的大同思想，即《礼运・大同篇》里所述说的情形。于是我便说：“《礼运・大同篇》所叙述社会政治的理想，它的主要中心，在于每个人人性的自觉，人人要求自己道德人格的升华，进而达到社会群体道德的完美。《春秋》的王道、《公羊传》所谓三世中的太平盛世、道家取法于自然的‘无为’之治，都由此传统的文化思想而出发。”

美国式的自由和民主

第三个故事：四年以前，一个留华修硕士的美国学生，和我讨论许多有关中西文化的问题。他曾经想把它翻成英文，已经积了好多稿子。有一次，他和我讨论自由和民主的问题。我说：“在现代史上，美国人打着西方文化唯一光荣的旗帜，便是自由和民主的呼声。其实美国人所说的自由民主，只能说是‘美国式的自由和民主’，并不适合于其他民族、其他地区。尤其对于有五千年历史文化的中国，更不适宜。但你们自己不明白，更不肯反省，因此美援与美式自由民主思想，对所到的地区所发生的作用，正好与美援成为对等的反感。”

他问：“你所谓美国式的自由和民主，这是什么意思？”我说：“这要从你们立国到现在两百年来的历史成因说起，

相当复杂。总之，由十八世纪到现在，美国的祖先们，虽然带着欧洲工业革命后的文化闯进这块新大陆。但来自英、法、德、奥等国的，各自有一套祖国文化背景的观念。加上利益共同均沾的思想，因此而形成你们'民有、民治、民享'的立国精神。但无论如何讲究自由和民主，在先天性的骨子里，都潜在有工商业化的利益和价值的成分。立国之初是如此，到两百年后的今天还是如此。说句老实话，你们现在的民主政治，幕后的操持者仍然不能离开工商业资本威力的背景。诚然，美国到目前为止，对其他地区还并无太大的领土野心，但不能说没有占有市场的要求啊！一有如此潜在的存心，加上国内的人们对外界世局认识不清，受到民主政治牵制的弊害，于是在国际政治上便举棋不定，依违两可。你们想要领导世界局势，必须要熟读中国的《春秋》，多学些国际政治的经验，然后才能了解《春秋》中'兴灭国，继绝世'的大义。"到现在，这位美国同学已经回国在哈佛大学任教，开始教授《春秋》、《左传》了！

我们为了要讨论近三十年来中国青少年们受到美国文化风气影响的关系，所以首先要讲述以上我所经历的小故事，然后再来探讨"彼美人兮自西来"以后的得失利害。

四、美国文化带来的迷惘

西风吹醒日本登上列强的席次

西风吹乱黄华

第二次世界大战中的暴发户——美国

平天下不能寄望于牛仔式的纨绔

千金之子与贾母

美国文化不是人文文化的指标

讲到二十世纪的历史与文化和现代人的思想与心理问题，无论东方和西方的任何国家、任何地区，在第二次世界大战以后，或多或少，总要受到美国的影响。尤其是东方的中国和日本，关系更大，更为密切。

全世界所有的国度里，除了少数真正的落后民族，以及某些因为地理环境的关系还在将变未变的国家，目前正坐享其成地接受现代物质文明，而仍能固守传统、苟安待变以外，欧洲的国家，如英、法、德等国，虽然抱着传统的自尊，始终存有看不起美国的心理，但在历史演变的时代趋势中，也仍然脱离不了美国风气的回旋波荡。至于东方的中国，在最近的三十余年中，确有美人闹乱朝市，形成“亲者痛而仇者快”以及“恩里生害”的情况。

现代的中国青少年们，急需认识和反省的是：造成世界局势至于现在的局面，除了美国立国经验太过幼稚以外，同时也是我们自己处在新旧文化夹缝潮流的趋势中必有的矛盾。现在，我们要想在极度的艰难困苦中力求自强而复兴，就必须先对此历史时代的前因后果加以寻思探讨，才能“温故知新”，才知如何自立而立人。

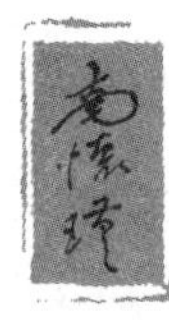

西风吹醒日本登上列强的席次

距今百年以前，东方的古国中国和日本，在文艺复兴和工业革命后西方新兴国家的眼光里，几乎也被视为第二个或第三个印度。其时，日本和中国都同时警觉到关门拒盗的迷梦并非良策。于是，先后派遣留学生到外国学习西方文明。那个时代所谓西方文明的重心，是在欧洲的英、法、德、奥等国家；美国，仅属其次而已，并不像现在一样有举足轻重之势。

日本的留学生回国以后，便出现了日本历史上最光荣的一页——明治维新。由此，促使日本跃登列强的地位。中国的青年呢？在清朝的腐败残局中，许多回国的人才，除了少数在洋务衙门行走以外，另外还有的，只有在洋行买办这一行中自展抱负而已。当然，这不是当年中国青年们的过错，这是中国历史悲剧的一面。由此悲愤而化为国民革命，推翻清政府，建立中华民国。

日本之所以如此，自然归功到它的历史背景，促成明治维新的幸运。当时的日本，在政治方面，因有天皇万世一系的观念，别无民族或其他大问题的存在。所以君明臣贤，而建立了伊藤博文等不世的殊勋。在学术思想上，因有中国宋、明儒家以后王阳明理学的普及影响，化成日本民族文化的根本精神。除了以西方的科学文明为用，仍以日本大和魂的民族文化精神为主。在国家的士气方面，因有强横霸道武士道的传统，特别容易与军国主义结合，于是一变就成为“大日如来”的帝国主义侵略思想。

西风吹乱黄华

而当时的中国呢？恰与日本相反。在政治方面，始终存在着将近三百年来的民族问题，以及清廷末代万难收拾的腐败政局。在学术思想上，五千年来的文化，远有儒、墨、道与诸子百家的汪洋浩瀚，各宗所是，互争长短。近有儒、释、道与东西方新旧文化的交流比较，莫衷一是。尤其正当三百年来民族革命改变历史的关节上，盲目地直接承受法国式的革命思想，舍己之所长而取其糟粕。甚之，唯恐革之不尽，致使在学术思想上缺乏重心而呈一片混乱。至于国家士气方面，由明末清初三四百年来，无论朝野上下，都对一本小说——《三国演义》，深植了浓厚的感情和兴趣。由桃园三结义而到单枪匹马，纵横天下，割据城池，自我英雄的崇拜，配上拿破仑式的戏剧性思想，便造成保皇、复辟、称王称帝以及一连串北洋军阀的历史悲剧。由此而有国父遗嘱的“革命尚未成功，同志仍需努力”，由此而有德、日发动第二次世界大战中中国的抗日战争。只因日本的战争毁了中国，也毁了整个东方的文化。我们了解了这些历史事实，拿我们国家的现代史与日本、苏联的现代史来比，你说，谁应该负这个责任呢？“虽曰人事，岂非天命哉！”

第二次世界大战中的暴发户——美国

姑且不论我们过去有多久远的历史，但在人类历史的无尽过程中，却只占了极短的一节。然而在这几十年来的经历，如果比起美国立国两百年来的历史，我们的国家便如佛

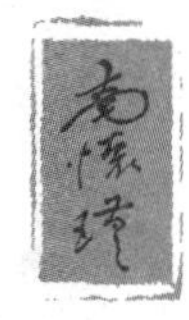

家所说，已经经历好多次的危亡劫运而不堪回首。我们这些“半老儿郎”或“老乃国之宝”的老少年们所遭逢的苦痛和伤感，绝不是现在中国青少年们由中学和大学的课本上所得到的历史常识中能体会得到的。美国和现在青少年们心目中的美国文化，却在第二次世界大战中轰然爆发，一跃而居于西方文化的首席代表地位。

在我们现代青少年的心目中，说到西方文化，就好像只有美国似的。而十九世纪西方文化系统的英、法、德、奥的光荣，就只在白纸上占据了数十页面，供人观摩研究而已。殊不知五六十年前，当英国称雄世界的时期，英国文化便占据了一切。留学的目标与回国的标榜，唯英国的马首是瞻。后来德国和日本兴盛，德、日派的思想和德、日派的权威又成为一时的风尚。英、德、法、日过去了，现在便轮到美国最吃香。但是，我们盲目追随这个历史太过年轻、有冲劲、有干劲而文化太过幼稚的朋友，崇拜它的裸体美，倾心它的纸醉金迷，实在和玩弄火山上美人一样的可怕。

我们必须警觉，对于国家、对于人类历史和文化，万万不可以“大胆的假设，小心的求证”。否则，这个求证的代价，所需付出的生命血汗实在难以计算。青少年们一听到这些中老年的朋友们在批评或讥笑英、美的“嬉皮”，看不起“嬉皮”，就非常反感，反而对于“嬉皮”有无限的偏好和同情，而对于这些批评和奚落，却有着无限的不满。其实，英、美式“嬉皮”风气的出现，正是表示欧美的青少年们对于西方文化一股反抗的浪潮。他们为了反对前辈的传统文化，扬弃宗教的信仰，摆脱旧哲学的传统，讨厌物质机械文

明而生出种种的反动心理。“嬉皮”、“嬉皮”，并非偶然的“顽皮”！但时至今日，美式的“嬉皮”又要很快地成为过去，他们现在正在盲目地探寻东方印度文化的“超越冥想”和中国文化的“口头禅”，以及中国道家的“旁门左道”，作为趋向于“超心理学”的路线。

平天下不能寄望于牛仔式的纨绔

我也常常听到我们自己的朋友很得意地引用英国前任香港总督葛亮洪在美国的演讲，他认为，“十九世纪，是英国人的世纪；二十世纪，是美国人的世纪；二十一世纪，将是中国人的世纪”。可惜我没有亲自听到，同时很难百分之百证实这句话，即使真有其事，别人信口开河一说，也许是别有用心，我们自己不自强，行吗？况且，且看今日的美国，对内对外的举措失当，都是使人唏嘘的事。如果没有前年的送人登陆月球，藉此一手遮闭天下人的耳目，恐怕它的声望与国际地位，早已随着美钞的无形贬值丧失在欧洲共同市场的坫坛了。在当前世界史上，美国最叫座、最成功的便是“美国式的民主和自由”。但是今天美国在国际上丧失声威的致命伤，无论在国内或国外，也便是害在“美国式的民主和自由”的作为上。

第二次世界大战结束以后，国际政治上，无论在欧洲或东方，凡美国式的民主和自由所到达的地方，最大的成就，就是把别人的国家瓜分为二。而且美国始终不知如何才是真能安邦定国平天下的上策。内政上，在美式的民主和自由的旗帜下，弄得全国充满了红（左倾思想）、黄（色情泛滥）、

蓝（工人问题）、白（吸毒与服用麻醉品流行）、黑（种族问题）等各色危机。外加学生闹事、妇女运动、逃避兵役和漏税等问题，无一不是领导世界青少年走上堕落的歪风。

当然喽，这些问题在美国人的思想中看来并不重要。他们没有历史文化的包袱，随时可以改变，随时可以通过民主的议会而改正缺点。他们有足够的自由，也有足够的勇气，能够做到“知过必改”的程度。然而其他受到美国风气影响的青少年，学坏容易，变好却难，这又怎么办？

前些日子，有一位半洋化的中国青年和一位美国少年对我说：“你们政府下令不准青少年留长发、变‘嬉皮’相，可以。为什么对我们外国人也要干涉？”我说：“你到中国来做什么？”他说：“读书。”我说：“既然到中国来学中国文化，对不起，中国文化素来讲究‘整其衣冠，肃其瞻视’，这是我们的‘国风’，‘入境随俗’，不容马虎。如果我到天体会去，一定也照他们那么做。这是要适合国际间社会的礼貌，你不能认为这是干涉你的自由。我在街上看到你们同学们赤着脚走路，我们从来没有人干涉过，对吗？”

千金之子与贾母

此外，有人认为美国花了那么多的军费在欧洲、在东方的几处战场上，又死了那么多的人，为什么不彻底地诉之于武力，求得国际间永恒的和平？其实，这便是“美国式的民主和自由”的必然结果。他们的政治人物，即使有才如管仲、乐毅，也无法一展其志向。他们的军事人才，即使有智如孙武、吴起，也无能一展其怀抱。只许在国外打不准胜利

的战争，限制军事战略的发挥，这是“美国式民主”的主意。可以瓜分别人的国土，画地自守，要求别人实施“美国式的民主和自由”，好让自己闭门揖让，熙熙融融地享受物质之乐，这是“美国式民主”的一贯政策。过去如此，现在如此，数十年如一日都如此，实在不足为奇。

所谓“美国式民主和自由”的特征，正如他们一位工商业起家的名人所说的：“世界上最大的学问，便是如何让别人把口袋里的钱，很高兴地送到我的口袋里。”“学而优则商，商而优则仕。”民选仕途幕后的牵线主力，始终离不开拥有工商业而需要随时争取国际市场的资本家。为实行国际道义，帮助别人“兴灭国，继绝世”去打仗，在工商业的成本观念上，万万划不来。所以不能打，也不准打。此外，民选的票源是广大的民众，美国一般民众与老太婆们真不懂他们自己的政治家和军人们，何以对现成的福不会享，硬要出兵远涉重洋为别人去打仗？“千金之子，坐不垂堂。”谁家的老太太愿意把自己的纨绔子弟送上战场？

民主的选票是权威，在美国的大观园中，如《红楼梦》中贾母和王熙凤之流的人物，占有全国半数的选票。她们和她们的资本家，虽然是同床异梦，然而对此却是殊途同归。她们和他们联手投票送一个有政治理想的人上了台，起初两三年中刚好摸熟了国内外政治的行情，还未能有所作为，便要忙着为下次选票争取同情。纵有掀天揭地之才，其奈天下苍生何？又奈全民选票何？况且以下驷之才，处于民主选票的悠悠之口，“众口铄金，积毁销骨”，谁又敢冒纠正积非成是的危险，甘为正义而自毁其政治前途呢?!

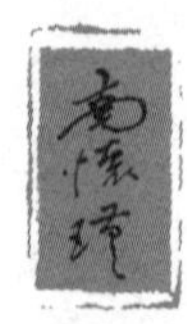

美国文化不是人文文化的指标

由于这些粗枝大叶的认识，我们的青少年同学们，就可认清“美国式的民主和自由”以及它的文化思想的是非得失。同时应当知道自己没有特立独行的文化思想而盲目倾心爱美，于国于家，后果均不堪设想。

如果从科学的发达、物质文明的进步、工商业的发展去认识美国，而立志要向今天美国的这一面学习，这是百分之百的正确思想。至于从整个的人文文化而言，仅有立国两百年历史文化的国家，就拿它代表了西方文化，认为它是盖过一切，那是莫大的错误。国者，人之积；人者，心之器。累积全国人心上下数千年经验和思想，方能构成一个文化的大系。今天的美国，仅是西方文化零落中的一颗经天彗星，它是科学文明的实验场，并非就是整个人文文化的指标。

五、望子成龙

反身而诚论遗传

望子成龙岂如人意

什么是家庭教育

中国文化中家庭教育的论著

反身而诚论遗传

目前提起青少年的问题，从各方面的见闻所及，不是涉及家庭教育、学校教育，就牵连到社会教育有关的社会风气方面。同时，社会演变随着时代的变化日益加速，不但青少年的问题有与日俱增的严重趋势，跟着而来的，儿童问题与问题儿童等也同时并发。于是，一听到这些问题，便像一个很严重的危机，就在人们的心里将要随时爆发似的。束手无策地忧虑和叹息，便替代了解决这些问题的办法。

其实，一个人或社会群体的思想和心理，是由许多因素而组成，并非只是单纯或少数的几个原因所造成。一个人的思想，从意识活动而来。意识的活动，随着身体生理的成长和变化，以及家庭、教育、社会环境等各种影响而形成。由于意识活动构成各种思想的变化而造成心理的状态，复由心理的状态，反复接触外界的刺激和反应，而产生一般思想或某种特殊思想的范畴。依中国文化的习惯观念来讲，综合起来，由婴儿、孩童，到达少年、青年，每一阶段暂定以五岁作为界限，节节形成一个人的思想与心理的作用，必须凭藉身心两方面互相影响而成长。

暂时搁置形而上的生命本体论的禀赋问题不谈。遗传、家庭、历史文化、时代潮流、社会环境与学校教育等六个因素，便是形成青少年们思想与心理的主要成因。其中忽略了

任何一个问题，都可能会造成偏见与错误的论断。因此研究青少年问题，随便笼统地涉及家庭教育或学校教育等问题，未必尽是确论。

关于遗传的问题，现在不想牵扯太远。贸然钻进遗传学的范围，难免变成坐谈学理而不切于实际。如果严格讨论到遗传的关系，便会牵涉到人类学、民族血统学，乃至天文、星象、地理环境、生理学、性心理与性生理学，以及中国古代文化重典《礼记》的胎教等许多学理。因此，暂时只讨论遗传的实际关系。

任何一个儿童或成人，他的心理状况，除了主要原因——得自先天形而上生命本体的禀赋，略而不谈以外，他的意识潜能的成长，实由于父母遗传的秉受，占大多数的因素。只是一般人忽略了这个问题的重心，或者根本没有发现父母本身潜在意识的重点而已。遗传的作用，大约有两种形态：(1) 直接遗传：这便是说某一个人的遗传作用，是由父母两人的直接禀赋而来。(2) 间接遗传：这便是说某一个人的遗传作用，是由祖父、祖母，或外祖父、外祖母的血缘关系而来。无论为直接遗传或间接遗传的关系，一个人的个性和心理的形成，属于遗传的关系，几乎占有一半的成分。但是遗传的关系，又有更代变化的作用，并非是父母或祖宗是白痴，所生的子女必定就是白痴。在遗传的成因中，他还有自我的禀赋，加上受胎时的时间、空间的物理环境，以及父母在性行为时的心理与思想等主要正反的遗传原因，因此而起变化成为更代性的成因。

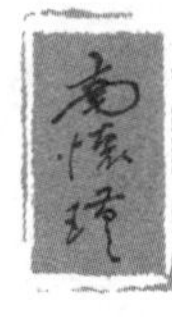

望子成龙岂如人意

此外，遗传的作用，最为明显也最容易被忽略的事实是，它有承受传统遗传与反承受传统遗传的两种作用。（1）所谓承受传统遗传：这便是说某一个人，他的父母是纯良老实或者刁钻古怪的人，而所生的子女，也是纯良老实或者刁钻古怪。（2）所谓反承受传统的遗传：这便是说某一个人，他的父母是纯良老实，但所生的子女，却很刁钻古怪。他的父母是慷慨好义，而所生的子女，却是悭吝自私。或者介乎两者之间，具有双重性格的个性。相对地，某一个人的父母是刁钻古怪，所生的子女，却很老成持重。他的父母是满腹经纶，所生的子女，可能是冥顽不灵。中国古史上有名的唐尧是圣人，但是他所生的儿子丹朱却是一个不肖之子；瞽叟不是好人，他的妻子也很坏，但是他们所生的儿子虞舜，却是圣人。有些忠厚老实之家，反出败子。有些不善良的父母，反而生出大好人的儿子。这就是说，在父母的心理潜能里，有善良的一面，也有很不好的一面。例如一个老实人，处处肯吃亏，可是这种肯吃亏老实的行为，是压制内心的反抗，无可奈何而变成的老实表现。实际上，他的内心并不宁谧，含蓄有极端的愤怒和愠怨的瞋恨。因此，便形成更代遗传的相反个性。或者，在受胎的性行为中，男女双方的思想心理因某种事实或天然气候，或某种环境的影响，而构成当时心理的极大抗拒和抑郁，也就变成更代遗传的相反作用了。所以望子成龙而未必尽然，并非偶然的事。

由于这个道理，大学问家的子女，也许是天生不通文墨、不爱好读书的种子；大英雄的子女，也许是过分懦弱的

人物；文学家的子女，可能不爱好文学而喜欢玩耍；艺术家的子女，可能是鄙视艺术而喜爱做工或经商；军人的子女，可能爱好文学而反对军事；工商业巨子的子女，可能是游手好闲、贪恋游荡的角色。其中原因，错综复杂，要由诸位有心研究者，以科学的方法去搜集资料，统计结果，加上哲学的推理，才可求出结论。那时，方知我言不谬也。在此只是指出原理、原则的所在，要同学们去深入研究。我没有时间去做这些精细统计的工作。我现在所讲最主要的重点，是希望家长们或者注意家庭教育的人们，应当先了解这个原理，自己加以反省，或进而做更深入的研究，然后才对儿童教育与家庭教育实施正确的方针。如果一味望子成龙，好像有些父母一样，把自己一生的失败和没有达成的愿望统统加在子女身上，要他们努力向上，去替自己争口气而光耀门楣，荣宗显祖，这不但是很大的过错，实在也是做父母心理道德上的罪过。结果一味如此妄求，他的结果会适得其反，反而造成子女在心理上潜在的抗拒，结果便变成不容于家庭和亲友乡里，而社会上又随随便便加以一顶太保或太妹的帽子，不但使自家无后，而且也使国家社会无故丧失了一个有用的人才。同时，希望一般盲目跟着升学主义走的人能够宁静自思，好好为家庭、为国家、为社会着想，而努力地教育子女成为有用的人才。

什么是家庭教育

讲到家庭教育，听起来是很普通的名词。任何一对父母，有了子女，由婴儿至孩提，由儿童到青年，谁又不施管

教？古今中外，哪个孩子没有受过家庭教育呢？除非少数的例外，属于不幸者的遭遇，那就另当别论。因此，家庭教育，岂非极普通而不成问题的问题吗？然而，什么是家庭教育的标准？家庭教育应该要怎样做？哪些父母才有资格担任家庭教育的主角？这等于说，凡是学校，都有老师，可是哪种人才有为人师表的资格？谁又是真正的好老师呢？当父母或家长的人，他自己本身的家庭教育和他所受的其他教育，是否都够水准而无差错呢？这些都是决定家庭教育的先决条件。倘使讲家庭教育而忽略了这些问题，或者把问题青少年的过错随随便便一概归咎于家庭教育，这就真成为家庭教育思想的问题了。

中国文化中家庭教育的论著

依照中国人一般通俗的观念来讲，大体上都认为我国的家庭教育是最完善、最悠久的伦理教育。历史悠久，这是不可否认的事实。是否最完善，那是多方面的问题，不能泛泛而论。在中国文化中，对于家庭教育，列有明训的，最早莫过于《礼记》。我总希望中国人、中华民族，都能先行深切了解自己的文化。至少，也须人人一读《礼记》的重要部分，所以在此不再详引。但是依照古礼——也可以说是古代的文化制度，童子六岁入小学，先从“洒扫应对”开始学习。以现代语来讲，便是先从生活的劳动教育入手，以养成清洁整齐的习惯；然后施以待人接物的礼貌教育，这便是所讲“应对”的内涵。换言之，古礼的六岁入小学，先从“洒扫应对”开始，它的教育精神，是注重人格的培养和礼仪的

规范，并非先以知识的灌输为教育的前提。所以在《论语》中记载孔子的教育，也说“弟子入则孝，出则弟，泛爱众，而亲仁，行有余力，则以学文”。透过这个主要的中心思想，便可想而知中国古代对于“洒扫应对”的儿童教育，也是在入学后开始。难道六岁以前，在家庭方面，便没有教过“洒扫应对”的事吗？事实不然，所谓“洒扫应对”的教育，当一个儿童在家庭中受到父母家人身教的熏陶，早已耳濡目染，所谓不教而教，教在其中已矣。六岁开始入学，除了注重儿童的生活教育和礼仪教育的基础以外，便以知识和技能的养成为前提，那便是礼、乐、射、御、书、数等有关文事武功的“六艺”。到了十八岁入大学，才实施立身处世的成人教育。所谓“学而优则仕”，便是指这个青年阶段前后的教育而言。总之，中国古代的家庭教育，让我们重复地说一句：除了《礼记》上所列举有关的记载以外，并无别的专书。

汉、魏以后，对于家庭教育，逐渐出现了专书。但是严格地说一句，那些有关家庭教育的皇皇大著，并不见得是为教育的理想而立论，而且更不是由教育哲学的基础而出发。那些著作大体上还是受到秦、汉以后门第观念的影响而作。例如汉朝班昭的《女诫》、北齐颜之推的《颜氏家训》等。而且这些是成人的伦理思想教育，并非绝对可作为儿童家庭教育的范本。宋、元以后，理学家的儒者们渗入佛、道两教因果报应的观念，散见于个人学案中有关家庭教育的思想，更为普遍。自元代儒者郭居敬选定了《二十四孝》以后，到了明代理学家朱柏庐所作《治家格言》，便更普遍地被认为

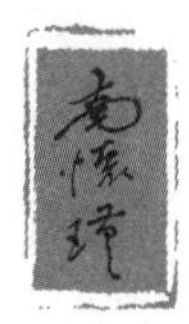

是儿童教育的读物。而原属于道教教义的《太上感应篇》，以及亦儒亦道亦佛的《阴骘文》、《功过格》，也普遍流行为家喻户晓的家庭教育指南。清陈宏谋所著《五种遗规》中的“教女”、“训俗”两种遗规，可以说是儒、佛、道三家的有关家庭教育思想的汇流。实际上，这些著作，大体都是伦理思想和人格养成的成人教育的范围。所以说在中国文化中，家庭教育的思想、理论、实施，是否真能称为最完善的，须重新切磋商量，不能空泛而骤下定论。

六、孝和爱

以孝道治天下的家庭教育

东西文化的『爱』和『孝』

以孝道治天下的家庭教育

从中国历史文化来讲，自汉文帝、景帝以后，“以孝道治天下”的教育精神便已逐渐奠定基础。而汉武帝时代选举制度兴起以后，社会风气更加注重品德。所谓“贤、良、方、正”之士的选拔，促使政府与民间社会，自然而然注重家庭教育，以人格培养为其重心。到了魏文帝以后，竭力提倡孝道，由此使得历代帝王在政治思想和政治措施上，形成了“圣朝以孝治天下”的名训和准绳。然而“孝道”是宗法社会氏族中心的家庭教育的标准，它有时与国家观念或忠君思想不能两全其美。唐代以后，为求忠孝思想的统一，便将《孝经》和“大孝于天下”的精神调和贯串，而产生中国文化思想上的名言：“求忠臣必于孝子之门”。

“以孝道治天下”绝对没有错，而且“孝道”是中国文化的特征。但是在近代三百年来，中国文化的“孝道”却在历史政治上出现了正反两次的巨变。这正如庄子所说，一般人为了提防扒手与偷窃，一定把东西封锁起来，这是世俗人共通的知识。但是大盗们来了，便挑起箱子，抬走柜子，而唯恐你封锁得不牢固，以致有所散失。天下事有如此难料的变化，人心思想的邪正有如此不定的反复，如果不好学深思地深入文化哲学的堂奥，岂能深切了解一种文化思想的利弊?!

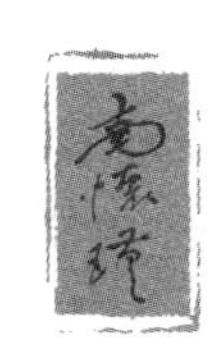

所谓“以孝道治天下”的正变，便是清兵入关以后康熙运用“以孝道治天下”的政策。谁能相信清兵入关后，只以三部书就统治了四万万人口的中国呢！相传爱新觉罗氏入关前后，要满族子弟熟读一部《三国演义》，便知兵法。到了康熙登位以后，在政治思想上，就采用“内用黄老，外示儒术”的秘诀。他要满族的王公大臣必须熟读《老子》。后来又提倡《孝经》，极力揭示“圣朝以孝治天下”的古训。把《孝经》配合他的“圣谕广训”，规定在乡的秀才或族长们，在每月的初一、十五，必须讲解诵读以规训子弟。老实说，康熙把中国文化“孝道”的特征，深入到民间社会和家庭方面去，这是他的一大德政，也是他奠定大清政权的一项最有效的措施。但相反地讲，他利用了“孝道”作为统治的权术，他用“孝道治天下”的办法，对付了关西大儒李二曲的不合作主义；同时又采用汉代地方选举“贤、良、方、正”的办法，而开了“博学鸿词”的特科，网罗了反清的遗臣和志士，因此而使顾亭林等无所能为。试想，人人都须做孝子顺孙，家家都要孙贤子孝，还有谁家的父母肯叫自己的子女去为反清复明而造反杀头呢？然而无论康熙“圣朝以孝治天下”的措施是德政或是权术的运用，此举可说是“孝道”思想在近三百年来的正变。

东西文化的“爱”和“孝”

正变也罢，反变也罢，历史文化的演变终归要成为过去的陈迹。但处在历史夹缝时代中的我们，内遭古今未有的巨变，外受西方思想风气的压力，仍然想要讲究“孝道”而谈

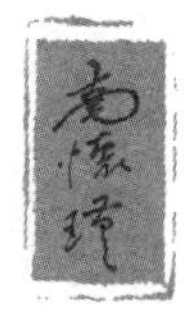

家庭教育，恐怕未必能够尽遂人意。

近半个世纪以来的中国思想，并不需要过分急于全盘西化或半西化。事实上，一般的思想大体都已洋化。单从教育方面来讲，无论是家庭教育或学校教育，乃至社会人心的观念，都以西方文化教育思想中“爱”的教育为重心。尽管有人做调和论者，犹如运用八卦的“纳甲”方式，解释“爱”与孔子所说的“仁”是同样的意义，但言“仁”者自论其“仁”，主张“爱”者还自讲其“爱”。“上帝爱世人”和“我爱你”、“父母爱子女”、“师长爱学生”，一片模糊，统统进入混淆不清、“一以贯之”的笼统观念。其实，这许多“爱”的概念，各有各的范畴，各有各的内涵，各有各的心理作用。唯有真能知“仁”的智者，才可“知其方”矣。无论在美国、在欧洲，父母对子女的“爱”的教育，自有他的文化思想的习惯和范围，并非一味的“溺爱”。他以“爱”为中心，培养后一代各自独立奋斗的精神，并不像我们“拿到鸡毛当令箭”，因此而产生新式家庭教育，一味地变成“溺爱”和“乱爱”为能事。这是作为现代中国家庭主体的父母们，必须重新检讨的地方。

与此相对的，作为现代子女的中国青少年们，对于固有传统的“孝道”，必须了解它便是“爱”的延伸和“爱”的反应。因为大家只从表面去看西方的文化，只看见他们做父母的对子女尽心尽力地付出“爱”，并没有像中国人一样抱着“养儿防老，积谷防饥”的心理和目的，所以他们的老年父母，老无所归，“不亡以待尽”地伶仃彳亍以等死的情景触目皆是。其实，这是西方文化制度和社会习惯上的最大漏

洞，并非是西方人在根本的人性上就缺乏“孝”心、缺乏“爱”父母之心。据我所知以及所接触到的欧、美人士，当然包括青年人，他们思念父母之情，绝不亚于东方的“孝”心。他们在谈话中，也时常流露出思归与惦念父母家人的情怀。最近有一位法国学生，回国以后来信向我诉说，因为老年父母有意见，闹离婚，使他内心有无比的痛苦，他因此而生了严重的肠胃病。谁说在西方文化的教育之下便缺乏了“孝心”？只能说他们缺乏了“孝道”的具体精神和制度而已。

由此可知“孝”便是“爱”的延伸，也便是“爱”的反应。诚然，过去有些孔家店的店员——后世的儒者们，错解“孝道”，强调“孝道”的理论，将“天下无不是之父母”认为是千古不移的定律。其实，早在周、秦以前，在《易经》的“蛊卦”中，便已隐约指出天下有“不是”的父母。所以“蛊卦”的“爻辞”上，便有“干父之蛊”、“干母之蛊”的观念。但做父母的，虽然被蛊惑而有“不是”的事，但在子女的立场来说，仍然需要以最大的“爱”心而为父母斡旋过错。所以孔子也说：“事父母几谏，见志不从，又敬不违，劳而不怨。”但是后世以讹传讹，或语焉不详，便把“天下无不是之父母”的观念，变成了铁定如律令的诫条。

同时，做父母的更要了解中国文化的“孝道”思想，并非只是单面的要求，它是相互的情爱。“父慈子孝”、“兄友弟恭”这是必然的因果律。孔子所谓“君君、臣臣、父父、子子”的道理，每句下面那个重复字，都是假借作为动词来读。用现代观念来说，就是：倘使父母不成其为父母，或父

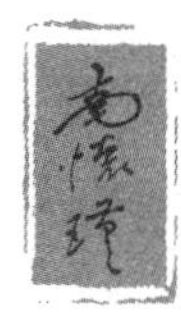

母没有尽到做父母之“爱”的责任，只是单方面要求子女来尽“孝”，那也是不合理的。其余各句的观念，依此类推，同一道理，当然不必重复细说。

现在我们不厌其烦地反复讨论了传统观念中家庭教育思想的概略，既不是否定以“孝道”作中心的家庭教育的价值，也不是接受从“爱”的教育出发的便是真理。现在我们所讲的目的，只是说明我们这一代对于家庭思想与家庭教育方式，大多数都处在东西文化交流撞击的夹缝里，正在新旧观念混淆不清的矛盾现象中发生偏差。尤其是一般新式家庭的父母，外受西方文化生活方式的皮毛影响，对欧、美家庭教育方式一知半解的崇洋心理作祟，于是将错就错地仿照那些外国电影，而将不中不西的洋盘思想奉为金科玉律，但在骨子里又潜伏着传统文化思想的血液，“望子成龙”与“光耀门楣”的观念并未完全抛却。于是便造成此时此地，在家庭教育方面，产生了问题儿童和问题青少年的事件。结果，不是怨天，便是尤人。再不然，便埋怨到学校教育和社会教育错误，自己好像置身事外，一无过错似的。其实，要讲我们青少年的思想与心理问题，就必须正本清源地从家庭教育的检讨开始，而不能将一切过错，都由我们后代的子女去负担。

七、旧八股与新八股

秦汉以后读书与教育之目的

汉唐的『选举』、『考试』制度与教育思想

新旧教育亟待修正的八股学风

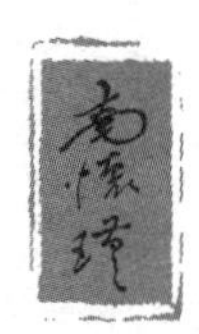

自孔子“删诗书，订礼乐”以后，我们从他所修订的“六经”和他的遗著中，仰窥三代，俯瞰现在，综罗上下两千多年来教育之目的和精神，一言以蔽之，纯粹为注重人格养成的教育。《礼记》中的《大学》、《中庸》、《儒行》等，虽然敷陈衍义，但自东周以来，仍然不外如《大学》所言：“自天子以至于庶人，壹是皆以修身为本。”所谓“修身”，用现代语来说，便是人格教育。而人格教育，势必先从心理和思想的基本修正着手，因此《大学》便有“格物、致知、诚意、正心”等一系列程序的述说了。

我们从这个观念反观“六经”，归纳它们的主旨便可强调地说：

《尚书》的精神，是后世政治哲学和政治人格教育的典范。由此再配合孔子所著《春秋》的精神，便成为政治思想和政治行为的是非、得失、进退、举措等有关历史哲学，与政治人格和政治行为的成败事例。

《易经》的精神，从科学（中国古代的科学观念）的观察而进入哲学的精微，纯粹是洁净心理、升华思想的文化教育。由此再配合孔子手编的《诗经》与《乐记》（因《乐经》已失，故只以《乐记》来说），便成为适用于一般人陶冶性情、调剂身心的教育。

《礼经》所包括《三礼》——《礼记》、《周礼》、《仪礼》的精神，则是汇集中国上古传统文化的大成，包含教育、政治、经济、军事、社会、文学、艺术、人生等思想的体系。强调地说，它是后世奉为个人人格教育、政治人格教育等的典范。

但是这些观念，是从两汉以迄近代的儒家传统思想而立论。在历史上，自春秋、战国迄于秦、汉之际，五百年间“六经”并未受到重视。尤其在春秋、战国时代，“智、力、勇、辩”之士，竞相以“纵横捭阖”、兵谋、杂说、阴阳等学术，取悦人主而自求爵禄功名荣显于当世，并以此为天经地义的要务。少数宗奉孔子汇集的经书思想者，只有鲁、卫之间的儒生们，如曾子、子思、孟子等人。但是他们仍然需要依附于人君的喜悦而得其苟安的生活，否则，依然不能荣显当世而畅怀于当时。因此，凄凉寂寞一生，自所难免。

秦汉以后读书与教育之目的

大家都知道中国历史上，记载汉高祖平定天下以后的一句最有趣的名言：“乃公（天下）居马上而得之。”后世都把他引为笑谈，认为汉高祖没有受过教育，因此而轻视知识分子，骂儒生们为“竖儒”。事实上这个观念早已种因于秦并六国以后，自秦始皇、李斯与儒生们（当时的儒生，是包括道家等各种知识分子的统称）彼此不能合作，即造成学术思想的真空现象，因此我们大可不必如此耻笑汉高祖的不学无术。同时，自汉初接受叔孙通等的制体（定制度）开始，当时的儒生如叔孙通等人，虽然依附汉高祖而攀龙附凤，等待

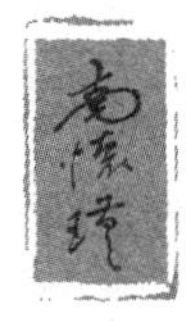

引用，但对于中国上古传统文化的经义并无高深造诣。大家只要研究《史记》、《汉书》中叔孙通等有关传记，便可明白他们的思想和目的，也止于取悦人主，谋一身爵禄的荣显，并无什么传道授业的大志。他们与中国自古以来的传统教育精神，以及孔子的学术思想，早已大相径庭了。

汉初重视儒术，尊崇孔子，事实上是从汉武帝欣赏司马相如的文章词赋、重视董仲舒的儒学思想（董学并非纯粹的承接孔孟之学）、信任公孙弘的形似儒家之学开始的。于是才有西汉的重儒尊孔，由此再演绎渐变，就形成东汉儒家“经学”思想的大成。汉儒之学，上面顶着孔子的帽子，内在借题发挥，糅集道、墨、阴阳诸家之所长，外饰儒家为标榜，从此曲学阿世，大得其势，后世历经魏、晋、南北朝、唐、宋、元、明、清，中间屡有变质，虽然或有以“词章、义理、记闻”等为儒林学者的内涵，以“君道、师道、臣道”为儒家学问的本质，但不管如何说法，总之，必须要以功名爵禄、入仕用世为目的。孟子说过：“不孝有三，无后为大。”其余两种不孝之一，据汉儒赵岐的注解，便是“家贫亲老，不为禄仕”。换言之，读书除了做官以外，就不能谋生，既不能谋生养亲，当然就罪莫大焉。这与现在“教育即生活”，生活以赚大钱为最有出息的新观念，除了形式与方法有不同以外，它的本质，究竟又有什么两样？

汉唐的“选举”、“考试”制度与教育思想

自周、秦以后，读书受教育之目的，概略已如上述。而朝廷量才任用的方法，除了上古时代因为教育尚未发达，以

学问德行为选士入仕的成规以外，到了战国时期，因为学术思想的勃兴，而诸侯各国称王称霸又需要起用有学术思想的人才，因此便造成战国末期六国“养士”储备人才的风气。自汉初统一天下以后，国家安定，政治上了轨道，“养士”的风气没有了，但是有思想、有学识的人并不因为政治社会的安定便没有了，因此才开创出以品行德学为标准的“选举”制度，推荐地方上“贤良方正”之士，进为国家用人取士的体制。汉初的“选举”制度，的确是法良意美，但是世界上一切良法美政，实行久了，流弊就出来了，所谓“法久弊深”与“法严弊深”，都是中外千古不易的名言。所以到了汉代末期，便有世家门第等把持“选举”，徇私荐贤，这就成为知识分子掀起社会乱源的重要原因。由此在中国的历史上，相继紊乱了三百年左右，历魏、晋、南北朝之间，读书有学问的知识分子又需靠类似“养士”荐贤等方式而显扬功名于当世。一直到了隋、唐之际，唐太宗承袭隋朝取士方式，创立了考试制度以后，才得意地说出“天下英雄尽入吾彀中”的豪语。从此，考试取士的方法，便演变而成为宋、元、明、清的科举考试制度。于是“三更灯火五更鸡，正是男儿立志时”、“十年窗下无人问，一朝成名天下知”等功成名遂的颠倒梦想，便深植人心，永为世法了。到了清代末期，以八股制义的“考试”取士制度，流弊丛生，而教育思想也陈腐朽败，因此才引起清末有学问、有思想知识分子的不满，配合民族革命的主张，就结束了近三百年的清王朝，也由此而推翻了两千多年来旧传统的教育方式。

顺手附录近日看到《金史》的资料，以便窥见过去历史

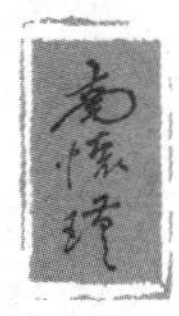

中教育思想由考试取士所产生弊病的一斑。明、清后期的情形，大致也与此相同，尤其清末以“八股文”取士的毛病，“考场”陋习与笑料，见于近代史者，随处皆是，不必多说。《归潜志》云：

> 金取士以词赋为重，故士人往往不暇习为他文。尝闻先进故老，见子弟辈读苏黄诗，辄怒斥。故学者止工于律赋，问之他文，则懵然不知。间有登第后始读书为文者，诸名士是也。南渡以来，士人多为古学，以著文作诗相高，然旧日专为科举之学者，疾之为仇雠。若分为两途，互相诋讥。其作诗文者，目举子为科举之学；为科举之学者，指文士为任子弟，笑其不工科举。殊不知国家勒设科举，用四篇文字，本取全才。盖赋以择制诰之才，诗以取风骚之旨，策以究经济之业，论以考史鉴之方。四者俱工，其人才为何如也。而学者不知，狃于习俗，止力为律赋，至于诗、策、论，俱不留心，其弊基于有司者，止考赋而不究诗、策、论也。吾尝记故老云：“泰和间，有司考诗赋，已定去取，及读策论，则止用笔点庙讳御名，但数字数与涂注之寡多。”有司如此，欲举子辈专精难矣。南渡后，赵杨诸公为有司，文风始振，然而谤议纷起矣。

新旧教育亟待修正的八股学风

大致了解了两千多年来教育的概况和“考试”取士的情形，无论我们的先圣先贤、诸子百家的名言，关于教育与学问的教诫，作过如何庄严神圣的定论，但教育的理想与一般社会对教育的“暗盘”思想，毕竟存在一段很大的距离。如果我们真肯深切地反省检讨，那么，就可以明白地说，我们的一般教育思想，历经两千多年来，始终还陷落在一个一贯错误的“暗盘”里打转。这个“暗盘”思想错误观念的由来，首先便是自古以来中外一例的“重男轻女”思想。为什么要“重男轻女”呢？因为男主外，女主内。男儿志在四方，“有子克家”，便可以“光耀门楣”、“光宗耀祖”。而光耀门楣和光宗耀祖的方法，就只有读书是最好的出路。尤其在古代轻视工商业的观念之下，当然就会产生“万般皆下品，唯有读书高”的看法了！读书为什么有这些好处呢？因为读了书，可以考取功名，登科及第而做官。因此“读书做官”自然而然就成为一般社会天经地义的思想。做官又有什么好呢？因为做了官，就能得到坐食国家俸禄的利益。由此“升官发财”便顺理成章地被民间视为当然的道理。由于这一系列错误观念的养成，读书读到后来，所有经、史、子、集也成剩余的物质，只有“八股”的制义文章，才是生活的宝典，这都是很自然而形成的思想，无足为怪。

到了十九世纪末期和二十世纪之初，西方的文化思想东来，慢慢地把旧有“家塾”、“寒窗”、“书院”和“国子监”等中国传统教育的方式变了，变成了西方式的学府制度。由“洋学堂”的称呼开始，一直到了现在三级制的学校制度而至于研究院等为止。教育是真的普及了，一般国民的知识水准是真的提高了。但是知识的普及，使得一切学问的真正精神垮了，尤其是中国文化和东西文化的精义所在，几乎是完

全陷入贫病不堪救药的境地。不但如此，我们的教育思想和教育制度，虽然接受西方文化的熏陶而换旧更新，可是我们教育的“暗盘”思想，依然落在两千多年来的一贯观念之中，只不过把以往“读书做官”、“光耀门楣”的思想，稍微变了一点方向，转向于求学就可以赚钱发财的观念而已。然后引用一句门面话来自我遮盖这个观念，而以“教育即生活”，作为正面堂皇的文章，几家父母潜意识中对子女的升学大事不受这个观念的影响？又有几家子弟选读学校、选修科系的心理，不为这个观念所左右？于是，新的“科学八股”的考试方法，但凭“死记”、“背诵”为学问的作风，依然犹如以往历史的陈迹，只是过去的风气，但须记诵八股文章作为考试的本钱；现在的风气，但须记诵回答和猜题，便能赢得好学校以及联考的光荣。过去的读书为考功名、为做官；现在的读书和考试，为求出路、为求职业、为赚大钱。过去读书的，“志在圣贤”；做官的，一心以天下国家为己任。如此立志，也大有人在。否则，就抱着“君子乘时则驾，不得其时，则蓬虆以行”，归到农村社会，以耕读终生的也不少。现在则受了教育以后，不能谋得一个出洋、赚大钱的机会，至少也要做个公教人员，才算是不负平生一片读书求学的苦心。尤其是工商业时代都市生活的诱惑，小市民思想的深入人心，如果不能如此，只好优游等待机会，或者自己封个“马路巡阅使”来怠荡怠荡也可以。至于其他的事，只有付之于命运的安排了。

我们只要息心反省教育的现状，就可明白现代青少年陷落在一片迷惘境地的前因和后果。因此，我们为了后一代，

对于家庭教育思想、社会教育思想，以及学校教育的思想制度，必须要多作检讨，以建立一番复兴文化的新气象。虽然说问题并不简单，但问题终须寻求出答案和调整的方法。这不但是我们老一辈的责任，也正是落在现代青年身上的重要责任，极需渊博通达的学问，才能挽救亟待复兴图强的中国文化。

八、从处变自强说起

救亡图强的思想与历史

明清之间的诸大儒

乾嘉以后与龚定盦思想的关系

有关现代的学术思想

万木无声知雨来的思想界

本文还在讨论序幕，尚未涉及正题，便逢一九七一年十月二十六日台湾宣布退出联合国，震撼了台湾的人心和世界各国的视听。当天有些朋友和同学们，也如一般人的心理一样，疑虑重重，相互询问。而且不少人提起我在八月份所讲的“美国文化带来的迷惘”一文，好像适逢其会，不幸而偶中。其实，这是据理而说，并非预知，更无神秘的成分。

有些关心时事的朋友，对于台湾退出联合国后人心浮动不安的情形，非常着急，希望就各尽本分的立场，有所说明。其实，这是暂时必然的现象，不足为虑，只要不自乱步骤，不久就会平静如常的。人，总是易忘久远的忧患，而安于目前的逸乐。可是过了几天，有一位青年同学对我说：“真奇怪，为什么我这一代，就这样的脆弱，当台湾宣布退出联合国之后，好像一切都沉埋在灰色中，大家垂头丧气，大有惶惶不可终日之慨。除了尽情找刺激，发泄郁闷，好像就走投无路似的。尤其有些人，迫不及待地寻求乘风远航、避地远适的机会，只问会不会因此而影响我们的‘出国计划’，除此不去考虑其他的问题。这些情形，充分地暴露只有自我的思想，实在使人气愤。”我听了，也非常的感慨！但是我告诉他，主要由于这一代的后起之秀，缺乏历史文化精神的学养，更没有遭逢历史变故的经验，因此没有定力和

远见。这种现象，不久也会成为过去，不要太过忧愤和激动。我们关心的，倒不是目前在世局变化中这些偶发的变态思想，最为要紧的，是这一代青少年的思想和心理的基本问题，这是承先启后的关键，最值得忧虑的事。

但事隔不久，我们眼看这一代的知识青年们，有的已经自觉自发地趋向奋发图强，这是二十年来没有的好现象。所以从这一点看来，这也是可喜的事，他们已经从时代环境的骄宠和颓唐中振奋起来，走上自觉更新的道路。但是慷慨赴义易，从容适变难。因为激于一时的气愤慷慨赴义，犹如庄子所说的“决起而飞，抢榆枋，时则不至而控于地而已矣”。至于从容适变，必须厚积风力，然后“培风”而起飞，才能转危为安，措天下于衽席之上。救亡图强，在于才智，而才智的养成，需要深厚的学术与精微思想的“风力”。我们基于“温故而知新”、“鉴往而知来”的观念，需要将近代和现在有关救亡图强等学术思想的演变史，作一溯往的启导，使大家由此而窥见它错综复杂的前因与后果，知道应当如何去振兴奋发。

救亡图强的思想与历史

从历史哲学的立场来看，人类真是可怜的一群，虽然累积上下五千年、古今中外多少人的才智与能力，如何如何地为某一地、某一国，甚至全世界的和平康乐，竭尽心力去努力。但是人类的历史，始终还是在扰攘和变乱之中，好像除了扰攘变乱以外，便无历史的内容似的。可是，也正因为如此，才不断地产生了东方的圣人、西方的哲人，随时随地，

在种种艰困的环境中，为人类、为国家、为民族而寻求学术思想的方案。地不分南北，人不论东西，大致都不外于此例。

我们现在从明末清初近三百年来的学术思想，举其荦荦大者来讲，便可知道我们近代和现代的学术思想，一直没有离开救亡图强与国计民生的大计。在明代末期，作为中国文化主流之一的儒家理学的学术思想，随着历史的演变和满族的入关，就强烈地促发为国家民族救亡图强而产生的革新思潮。再由十九世纪末期到现阶段，时移世易，虽然是处在东西方文化的交流撞击的时期，但无论新的思想和旧的学术，仍然都是为救亡图强而努力。即如现代青年思想的矛盾与情绪烦闷的情况，从大的方向来说，也都与此有关，并不例外。

明清之间的诸大儒

自明末清初来讲，当时影响力最大的大儒，便有黄梨洲、顾亭林、颜习斋、李二曲、王船山等人。他们都身受国破家亡的痛苦，鉴于明末学术思想的颓丧和朝野社会风气的腐败，深切地体会到救亡图强与国计民生等根本大计，必须以重振学术思想、敦正人心为第一要务。因此他们的学术思想，似乎都是一循旧贯，辨别发扬宋、明儒家理学某些思想的观念。但在实质上，都为鼓吹民族正义、反清复明而努力，以为经世之学的阐扬。可是清初的帝王，如康熙、雍正、乾隆父子三代，都是不世的英才，他们也深知这个道理，因此极力注重文事与武功的作为上，竭尽所能地吸收清

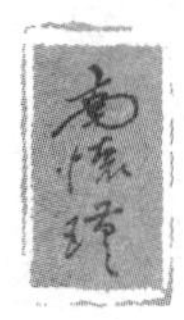

初诸儒学术思想的精华，作为励精图治的张本。孟子说：“虽有智慧，不如乘势。虽有镃基，不如待时。”明、清之际诸大儒的千秋事业，恰恰遭逢康熙三代父子的时势，就被他们所吸收利用而成为一代的事功。其中顾亭林与王船山两人的学术思想，却一直笼罩了近三百年而影响到六十年代的现世。此中的前因后果，牵涉太广，所以暂略而不谈。

乾嘉以后与龚定盦思想的关系

到了乾（隆）、嘉（庆）以后，清廷统治的事功，已非康熙父子三代的全盛情形，时代刺激了青年，便有龚自珍（定盦）的学术思想应时而起。龚定盦与金圣叹、王仲瞿，都是这一时代的怪人。但龚的才智，又远非金圣叹、王仲瞿可比。他的学术思想，一直影响道（光）、咸（丰）以后而到民国初年。同（治）、光（绪）以来，康有为、谭嗣同、梁启超等的学术思想，大致说来，虽有时代观念的不同，但都是承受龚定盦的影响而启发其新知。龚定盦著作的《平均篇》与《乙丙之际塾议》等，对救亡图强思想的影响更为有力。至于咸（丰）、同（治）之间曾国藩的学术，是靠他的事功陪衬出理学的思想，又另当别论。

有关现代的学术思想

到了清末民初之际，我们的历史时代又遭遇一个新的巨变，而西方文化的东来是激起历史巨变最为有力的因素。因此，融合古今中外的学术思想，为救亡图强而努力的风气，也

随世变而波澜壮阔。其中影响最大而见之于缔造中华民国的事功者，当然是首推国父孙中山先生的思想。但是追溯学术思想的演变史实和到达现在情况的前因后果，那么，便需对于有关这一时代的多方关系稍加列述，可使青年同学们略知梗概。

（一）距今三十年前的

甲：有关救亡图强的学术思想，影响三十年前的朝野社会最为有力的，便有康有为（《大同书》、《礼运注叙》、《上清帝第二书》等）、梁启超（《饮冰室文集》等）、谭嗣同（《仁学》等篇）、张之洞（《劝学》等篇）、严复（译《天演论》及其自序、《原强》、《辟韩》等篇）等人。

乙：有关纯粹思想，影响学术思想界最有力量的，便有杨仁山（佛学）、欧阳竟无（佛学）、马一浮（儒学、佛学）、熊十力（佛学、儒学）等人。

丙：介乎经世实用与学术之间，亦足影响的，便有章太炎、刘师培、梁漱溟等人。

丁：有关文学艺术，影响三十年前新旧社会之间而风靡一时的，便有樊樊山、陈三立、易顺鼎、苏曼殊、弘一上人（李叔同）、林琴南（意译西洋小说）、辜鸿铭、王国维，以及南社诸人与溥儒、齐白石等人。

（二）属于近四十年的

甲：有关学术思想，立意为救亡图强而努力，结果适得其反的，便有胡适、张君劢、顾颉刚、马叙伦、马寅初、冯友兰、柳诒徵等人。

乙：有关纯粹思想，亦足以影响学术思想界的，便有谢无量（佛学文学）、汤用彤（佛学）、蒋维乔（佛学）等人。

此外，有关正派或反派的学术思想，也和以上所列举的一样。其中又有正中偏与偏中正之分，而且都能影响三十年前的时代思想的，还有许多人物，一时记忆不详，碍难一一具列。至于介乎学术与政治之间，虽然名重当时，而如烟云过眼、昙花一现的，又当别论。

至于有关自然科学的新知方面，除了詹天佑以外，其余都无藉藉之名，亦少见其有创见的发明者，如没有人即起编列史料，则恐此类“名湮没不彰”，亦势所难免。

丙：三民主义的学术思想，是以三民主义以次的体系学说而言，一概见于国民党党史，自有专著，不在本题范围之内。

丁：共产主义的学术思想，是指接受或译述西方文化中的社会主义和共产主义的思想，力足以影响三十年前的思想和社会。包括前期的左派文人的著作和思想。此辈中人，便有陈独秀、陈启、马哲民、侯外庐、陈望道、施存统、张闻天、罗隆基、陈禹、周作人、周树人（鲁迅）、沈雁冰、郁达夫、李芾甘（巴金）、万家宝（曹禺）等人。

戊：有关文学与小说的写作，风行一时，亦足以影响人心的，便有朱自清、徐志摩、舒舍予（老舍）、张恨水等人。

我们简略地追溯过去六七十年来有关救亡图强的学术思想与人物，虽然在时间上只有短短的几十年，有如一瞬，专搞学术思想而有影响的人物，也只有几十位，人数不太多，但是他们的思想，却已影响了上一辈的青年约达六十年之

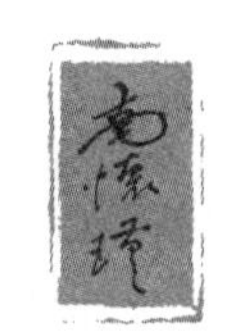

久。虽然在今天的青年心目中，因为学力的不足，思想的散漫，并不占有太重要的地位，但仍然还有他们精神上的影响，只是在历史的事实上，却似成为过去，正如清儒赵翼所说“江山代有才人出，各领风骚数百年”的情形。我们可以由此而知在这六十年之间，这些著名学人的学术思想，一言以蔽之，也如我们的现实历史一样，都为国家民族的救亡图强而努力，各自发挥他们的一得之见，构成一家之言，成为文化历史的精神资料。

万木无声知雨来的思想界

根据以上所讲我们七十年来学术思想的大势，便知我们的上一代，生当第二次世界大战前后的青年，为国家、为民族、为世界、为人类，脑子里装满了这许许多多古今中外的异同思想，已有不胜矛盾之感。而同时又遭遇到史无前例的抗日战争，在心理和感情上，又加上无比悲愤和无比痛苦的负担。我们如果拿文学的境界来做比喻，可以说三四十年前的知识青年们，大有“江山起伏争供眼，风雨纵横乱入楼”的感慨。而我们现在这一代的安定，却有“万木无声知雨来”的境况。

现在我们的教育愈来愈普及，知识的范围也愈来愈普遍，实非前三十年可比。但是我们青少年们的学术思想，以及“见义勇为”、挺身而起“救亡图强”的精神和心理，却远不及上一辈的老少年们。因为我们模仿物质文明的进步，促使求安于现实生活的享受逸乐之中，已经心无旁骛。穷追工商业的发达，以争取经济的富裕，在宝贵而紧张的时间潮流中，更无余力去好学深思。因此养成社会风气盲目地重视

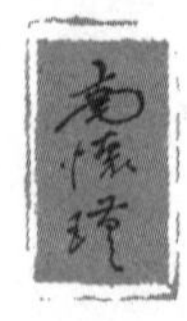

自然科学的技能，对于人文思想的研究，几乎视为奢侈、浪费。大家却没有看到未来世界的局势，由于自然科学畸形的发达而更发达、进步而更进步的后果，将会促成人文文化的“狮子身中虫，自食狮子肉”的悲惨局面。

我们要想努力为国家、为世界追求新的思想前途，首先就必须要了解现代世界局势的战争，归根究底，是文化思想的战争。无论是西方或东方，无论是工商业进步或落后的地区，总而言之，仍如过去历史一样，依然为了物质的现实生活与精神的出路而困扰。换言之，就是为人类经济生活的平均与分配问题，以及人们心理的安详与精神的归宿问题而烦恼。因此我们现代的知识青年，读书求学，除了为学习基本的谋生技能，以及为救亡图强以外，现在和未来，便有两大课题，急需产生新的千秋人物来完成缴卷：一、如何为全人类着想，建立新的经济哲学思想。二、如何沟通精神与物质文明的综合科学的思想。

同时，更需要了解，这种属于人文思想的事业，是千秋事业，需要好学深思，由博返约去努力，绝不是急功好利，只图一时之快的工作。也许这与现实的环境有一大段很长的距离，但是“功名毕竟属书生”。拿这句话来针对这种从事人文文化学术思想的千秋大业而言，应该可以令人深省。如果只图目前个人的出路与个人现实生活的需要，历史上有无数当前的荣耀，也都成为过去了。以眼前的现实，换取永远的现实；以个人的生命，换取历史的生命。这在现代青少年的观念中，实在需要有重新的估价。我们不能让六十年后的学术思想史上留下一页真空的白纸，贻笑于后人。

九、六十年来教育的变和惑

由旧式的家塾到新式的学校

家塾教育的回顾

旧式家塾的读书

旧式家塾里对写字的启蒙

塾师和家塾

教育乃国家命脉和民族精神之所系。我们的教育，在二十世纪六十年来，从旧式的传统，几经变革而到现在。但是我们还得承认我们现在的教育思想与教育制度，虽然形似进步，仍然存有太多的困扰与矛盾。因此促使青少年们在现行的教育方式之下，产生了许多心理的反抗与思想的迷惘。有关这个问题，我们必须要从新旧教育的实际变相中寻求前因和后果，才能知所先后，深思反省而庄敬自强起来；否则，又会本末倒置，变成一个“不知所云”的结论。

由旧式的家塾到新式的学校

距今五六十年以前，我们的教育实在不普及，虽然自宋代以后，各省地方便有公立和私立书院存在，但是那是高级学府，相当于现行教育制度中所包括的中学（初中和高中）到大学的性质。主持书院的老师又称为“山长”，他是一人包办的责任式之导师制。学生的来源，是绝对的自由从师，并非政府命令的规定。教学的内容，也有为专赶科场（考试功名）而研读“制义”——考试用的八股文的时文，等于现在的补习班，也有为研究经学而讲论心性的理学，或者兼带文章的讲习。然而能够读得起书院的学生，都是已经学有底

子，或者已有功名在身的人。而且虽然是家境清贫，但总能设法弄到聊足温饱而专攻苦读。至于一般自幼年开始如何到家塾去发蒙入学，以及在家塾读书的情形，需要略作简介，俾知变革中新旧教育的得失，有一比较。同时也为使将来研究教育的青年同学们稍微知道一些旧式教育的实际资料。

家塾教育的回顾

我们的传统，遵照《礼记》的精神，童子六岁入小学，每个人到了六岁，便应该开始读书识字，但是在过去农业社会的乡村或城市中，国民经济与风俗习惯并不能做到人人都在六岁的时候便可读书受教育。第一，并无公家设立的学校，全靠大家凑足人数和财力，专请一位老师设立一个“蒙馆”——等于现在的小学和幼稚园的家塾，真不容易办。第二，一般乡村情形，并不都像孟子说的“五亩之宅，树之以桑，五十者可以衣帛矣。鸡豚狗彘之畜，无失其时，七十者可以食肉矣。百亩之田，勿夺其时，八口之家，可以无饥矣。谨庠序之教，申之以孝悌之义，颁白者不负戴于道路矣”。事实上，却是“加之以师旅，因之以饥馑”、“老弱转乎沟壑，壮者散而之四方”。这便是清朝末代的大体现象。所以农村子弟即便比较生活安定的，也大都是“儿童未解供耕织，也傍桑阴学种瓜”。读书、考功名、做官，那是某一些人专有的职业，一般人们好像本来就不存非分之想似的。

如果有了适当的家塾，一个子弟开始进入学馆去“启蒙”求学时，那真如办一件相当慎重的大事似的。当然那时只限于男孩而言，女性受教育的机会少之又少，可以说是绝

无仅有的事。稍能注重子弟入学的家庭，在开始上学的一天，便先要他跪拜了祖宗的灵位，背着书包，由大人陪送他去入学。到了学塾里，先要跪拜大成至圣先师孔子的圣像或神位，然后再拜老师。安好桌位，才由老师慢慢地开始教授读书和写字。距今三十年前，我们对于老师，都是尊称为“先生”，或者在先生之上，加上一个姓氏。至少，我是从来没有听到过称教学的“先生”叫老师的。一般学生抑或学手工艺的学徒，都称老师叫“师傅”。只有民间社会，对一般工匠叫“老司”或“老师”。我所知道在江南一带，大致相同。现在时代的风气变了，在这二三十年来，叫“老师”做“先生”的，却被认为是不礼貌。由此可知是非礼义的标准，完全是因时因地的人为而定，哪里会有一成不变的绝对规范呢？

旧式家塾的读书

当时在家塾中发蒙的学生，读的是什么书呢？大致分两种情形：

如果是以读书考功名的，一开始，就很可能是读《论语》，其次《孟子》，其次《中庸》，其次《大学》。由六岁到九岁之间，关于以上所列的四书，必须要背诵得滚瓜烂熟，以备应考童子试的初步考试。至于《幼学琼林》、《千家诗》、《唐诗三百首》等，也是应读的课外读物，而且都需要背诵熟练，以备不时之需。当时读书注重背诵，所以便养成读书人朗诵的功夫和本领，有腔有调，合板合拍，等于唱戏或唱歌一样的有趣。至于书本，像启蒙学生所用的二十篇《论

语》等，虽然都是木板墨印，但是都有一篇一篇的散卖的薄本，即使撕烂了或墨涂坏了，还可以再买一篇回来。

如果只以读书认字为目的，一开始，便读《三字经》、《百家姓》、《千字文》、《神童诗》、《增广昔时贤文》，等等，各随所便，并不是规定一律。

因此，有些学生多的家塾，每天早上，老师各个分别地圈点教读了每个不同的书本以后，不管你懂不懂得意义，便由学生们自己去念读背诵，之乎者也，哄堂叫读，不亦乐乎。从前有人描述家塾的散漫情形，便作过一首打油诗，记述当时的实况，如云：

> 一阵乌鸦噪晚风，诸生齐放好喉咙。
>
> 赵钱孙李周吴郑（《百家姓》），天地玄黄宇宙洪（《千字文》）。
>
> 《三字经》完翻《鉴略》（《通鉴史略》），《千家诗》毕念《神童》（《神童诗》）。
>
> 其中有个聪明者，一日三行读《大》（《大学》）《中》（《中庸》）。

至于吟诗作对，那是发蒙两三年后的必修功课。开始先学对对，初由一字一对，再慢慢地到达长篇长对。因此，李笠翁所著的《对韵》：“天对地。雨对风。大陆对长空。山花对海树。赤日对苍穹。雷隐隐。雾濛濛。日下对天中。风高秋月白。雨霁晚霞红。牛女二星河左右。参商两曜斗西东。十月边塞，飒飒寒霜惊戍旅。三冬江上，漫漫朔雪冷渔翁”

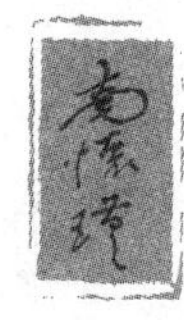

等等，便是当时学习韵对的范本。到了《四书》读完，大约十几岁的年龄，学会作诗，那是并不太难的事。至于是否能够作得好诗，却是另一问题。总之，当时把吟诗作对与读书作文章，完全连在一起，因为从童子试的“考童生”开始，作诗是必须的一手绝活，等于现在考试中的英文，非要你学会不可。我们当时在十二三岁便会作诗，那是很自然的事。但是，后来我碰到很多位前清遗老，所谓秀才与举人的老先生们，到老仍然作不出真有才气的诗，那也是司空见惯的常事。这正如赵翼所说：“到老方知非力取，三分人事七分天。”一点不错。

旧式家塾里对写字的启蒙

讲到启蒙时期的写字，更为有趣。起初开始练习写字，便要描红。那是在一张白纸上印好红字，用毛笔蘸墨去填写。一个六七岁的小学生，连拿毛笔是怎样的拿都不清楚，马上就要描红写字，真也是件不容易的事。于是老师和大人们，往往便为你“把笔”练习（用自己的手握在学生的手上，帮他写字），那时开始描红的纸上，所写的红字并不太好，但是却是具有传统文化的历史权威的一首词句，从宋代开始，便一直为启蒙入学时期的小学生们所应用，它的内容是：“上大人，孔乙己。化三千，七十士。尔小生，八九子。佳作仁，可知礼也。”这首意义似通非通的词句，将近千年以来，应用得非常广泛。距今四十年前，我碰到一位学道术的人，他会画符念咒，大家都说他神通广大，法术无边。后来我和他接近以后，才知道他出卖的风云雷雨，完全靠一个

很有效验的咒子。你说那是什么咒呢？原来他反复所念的，便是这首《上大人》。另有一派专门替人画符念咒治病的术士，他们口中念念有词的，便是“大学之道，在明明德”的首一章，你说可笑不可笑。

学写字，先描红，还不错。有的穷苦学生，连描红的《上大人》也买不起，只用一块木板，漆成黑白两面，用毛笔蘸墨在白色的一面上学写字。等到老师看不见时，便用一堆墨倒在白板上，用嘴吹它一口气，再来用指头东抹西画一番，便会变出一幅很有趣的画面，山水人物、虫鱼花鸟都有。所以我常常想到当时那些小同学的影像画，真够先进，也真够“抽象”，如果拿到现在来，一定是最时髦的作品。但是我们当时在家塾里的同学们，却并不时髦，因为大家书包里都带着毛笔、墨、砚台和书本，在家塾里读了一天的书，东画西画，每个人的手上、脸上、嘴上，都涂抹得一塌糊涂，都自勾成一个像京戏里丑角的面孔。

塾师和家塾

讲到家塾，我们顾名思义，一定都设在某一个人的家里喽？其实，并不尽然，除了殷实的富户人家，或者世代书香之后，可以有空房子专门设立家塾，供子弟们读书以外，大多数的农村社会，都做不到有这样好的教育环境。所以多数的家塾设立在某某宗祠的祠堂或寺庙里。因为这些地方比较清静宽广，学生们还有活动的余地，荡秋千、踢毽子、叠罗汉、打小小的群架，那也是常有的事。但在偏僻地方的三家村里的家塾，情形又当别论。在此，我要声明，为什么一直

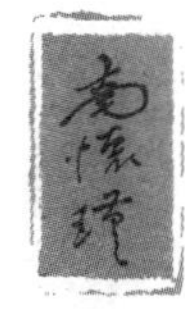

要称它做家塾，却不用私塾的名称呢？因为私塾是在民国成立以后，建立了新的教育制度，对于过去私家设立的家塾，依法称它为私塾。事实上，在六十年前后的家塾，并无所谓公立或私立的严格差别。

至于在家塾里教书的老师，说来真有无限的感慨。同时，也可因此而为古今中外从事教学的先生们同下一掬伤心而凄凉的泪水。大概我们都知道过去私家教学的风格和习惯，凡是讲到家里教书先生的代名词，叫做“西席”。老师们称呼主人的雅号，叫做“东主”或“东翁”。除了一般已经有了初步功名成就的子弟，再请一位有学问或有功名的“西席”先生来家专门教读以外，其他一般家塾所请的老师，不是落第的书生，便是穷而无奈的酸丁。表面上虽然表示尊敬，实际上，并不受一般社会所重视。他们生活的刻苦，以及报酬待遇的菲薄，真是不堪想象。那时，并非以月薪计算报酬，只是以年节计算实物，或者加上当时极其少数的货币（银两或银洋），一年辛苦所得，也仅得温饱而已。至于以此养家活口，那就苦不堪言了。所谓“命薄不如趁早死，家贫无奈做先生”的感慨，都是这种情况中所产生的悲哀。可是话说回来，碰到有些“冬烘”迂腐的学究，实在也会使人觉得“百无一用是书生”的可厌。凡事总有正反不同的两面道理，当然不能一概而论。但大体说来，当时多数的教书先生们，一言以蔽之，都在清苦中度过他的一生。清代的名士郑板桥（燮），在没有考取功名以前，也曾经做过教书先生，他便写过一首足为千秋后世同声一叹的名诗，如云：

教读原来是下流，傍人门户过春秋。
半饥半饱清闲客，无锁无枷自在囚。
课少父兄嫌懒惰，功多子弟结冤仇。
而今幸作青云客，遮却当年一半羞。

又相传光绪时，有李森庐者，以教读为业，某年岁除，不能归，作诗寄其妻云：“今年馆事太清平，新旧生徒只数人。寄语贤妻休盼望，想钱还账莫劳神。”“我命从来实可怜，一双赤手砚为田。今年恰似逢干旱，只半收成莫怨天。”现在教书先生的情形，虽然没有完全像这样的惨痛，但是以“舌耕”为务的人，比较一般从事有关工商职业的，在物质生活的享乐上，到底还有很大的差距。过去是“一席青毡”，罚坐在冷板凳上。现在是一张聘约，罚站在冷柜台。况且一校一系一派，无形中各自形成圈圈，清儒童二树所谓：“左圈右圈圈不了，不知圈了有多少？而今跳出圈圈外，恐被圈圈圈到老。”古今中外，同此一例，这也正是人类思想和心理的一个重大问题。

由家塾教育的启蒙到书院
旧式八股文

十、七十年前八股文的思想与教育

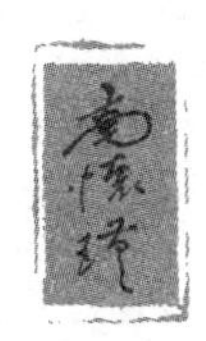

讲到中国六十年前读书受教育的事，除了为读书做官而考功名以外，有人又把中国过去两千多年来学术文化的范围，归纳为“记闻”、“词章”、“义理”三大类。如果从这一观念出发，我们也可以强调说：两汉以来的“传经之学”，大体上是属于“记闻”之类；隋、唐的文章华丽，是属于“词章”之学；宋、明以还，特别偏重“义理”之学。虽然如此，但在六十年前的家塾教育中，无论“义理”、“词章”，都谈不上，充其量只能说是教导记诵而已。有关人格养成的德育，也便在这种记诵之学的情形中潜移默化，种下了牢不可拔的种子。当然喽！这种记诵教育的方法，以现代教育眼光看来，完全是注入式的死读死记的方法，毫无启发才智的教育意义，甚之，是把人的头脑填成“书呆子”式的笨办法。

但从事实来说，并不尽然。当时的时代情况和社会环境，并不如现在的繁华和复杂。所以读书受教育方面，科类项目也当然不像现在那么多。当时所记诵的，只是有关“词章”、“义理”名著的简篇，而且每天背诵的也不太多。聪明一点的，只要花上一二小时的时间，就可以背诵出一篇文章。其余的时间，多半于优游自在中任性之所乐，读书、写字、吟诗、作对，或者做有限度的嬉游。虽然并无现代体育

教育的设备，可是自由活动或打拳练武也被认为是正当之行为，并不太过管束。当时严格执教记诵的作用，除了为考功名时所必要以外，在旧教育的理论上，认为它有一种“反刍”的妙用。因为从童年脑力健全、思想纯洁时开始注入这些经书诗文，虽然当时理解力不够，但一到了中年，从人生行为的日用上和人事物理的经历体验上，便可发生如牛吃草的“反刍”作用，重新细嚼，自然而然便有营养补益的用处了。即如我们在这一代中，六七十年来的老少年们，对国家、民族、社会有所贡献的，也都是从这种教育方式开始，经过新旧教育的变革中所培养出来的人物。至于完全由新式教育所产生的后起之秀，对于将来历史的交代，那是以后的事，目前还无法来下定论。

由家塾教育的启蒙到书院

家塾的读书受教育，为时并不太久。聪明一点，大约读了八九年书以后，“四书”全熟了，应试的八股文也学会了，就可准备应付乡试考秀才。考取了秀才再准备会试考举人，这时已到了青年的时代了。但当时在二十多岁中，举人，所谓少年腾达的，也并不太多。从举人再进而考取进士的，大多数都是三四十岁之间了。五六十年以前，现代的教育制度建立以后，还有人把高等小学（相等于现行的国民小学）毕业的学生，当作秀才看待，中学生等于举人，大学生等于进士。至于研究院中的博士，就把他比做翰林院中的翰林学士了。清朝末代，自戊戌维新前后，有些派到外国去学科学的学生回来，还特意为他们设立了同进士出身的洋进士头

衔哩！

至于由家塾读书开始，或者“十年窗下无人问”的努力自修之后，是不是一定要读书院呢？那是另一问题，因为当时的书院，虽然有些是公立的，但并无明文规定读书必要进书院才能取得考试的资格。而且公设或私立的书院有的注重“经学”，有的属于一般性的从师受读，或者专为进修时文“制艺”、学习八股文章而准备考试的，也各任自由。但是清朝末代的书院制度，已远非宋代开始有书院时的旧有精神了。

旧式八股文

过去读书受教育，大体简单的情形，已如上述。我们从现代的观点，回转来再了解一下被我们唾弃了六七十年，同时也左右了中国文化五百多年来的八股文，它究竟是怎么样的呢？我们除了举出一些实例以作说明之外，然后需要站在中国文学的立场，再进而研究一下旧“八股”与新的“科学八股”在教育制度和方法上的得失利弊了。但在此要郑重声明，这并未存在复古意识，更不是希望在国文教育中提倡旧八股文。在这里只能说，提起专读国文的大专同学和一般青少年们的注意，了解一下从前的青少年们所作八股文的文章技巧和人格养成的思想教育，究竟是怎么一回事，以资反省检讨而已。

（一）不愤不启不悱不发

秦道然

（破题）圣人不轻于启发，欲有所待而后施也。（承

题）夫夫子固欲尽人而启发之，而无如不愤不悱何也！欲求启发者，亦知所省哉！（起讲）且学之中，必有无可如何之一候焉。自学者不知，而教者虽有善导之方，往往隔而不入。夫至隔而不入，而始叹善导之无益也；孰若默而息焉，以俟其无可如何之一候乎！（提句）夫学所谓无可如何者何也？（提比）学者于天下之理，未能尽喻诸心也。而视夫既喻者，又不能不欣慕之也，欣慕之而不得，则愤焉矣。学者于天下之理，未能尽达诸辞也。而视夫既达者，抑不能不遥企之也。遥企之无从，则悱焉矣。（中比）其人而果愤矣乎？将见徬徨于通塞之途，急求之，则已急也。缓求之，则又缓也。欲求诸此而尚恐其或在彼也。当是时，偃乎其若思，茫乎其若迷。方无如愤何！而教者则曰：是正其可启之端，且有欲不启而不能者也。其人而果悱矣乎？将见迟回于疑信之交，约指焉而难定其真也。博求焉而不得其似也。已知其然而难知其所以然也。当是时，欲亹亹乎言之，又戛戛乎难之。方无如悱乎！而教者则曰：是正其可发之机，且有欲不发而不能也。（后比）而无如其不愤也！本无求启之诚，旋授之而旋弃之耳！且徒负求启之名，面折之而面承之耳！非特隐诱无由，即显示亦无由也，安所施吾启乎！夫聪明不愤不生，精神不愤不振。吾非不欲启，而无如不愤何也！不然，吾岂乐于不启者乎！而无如其不悱也！本无求发之诚，相视不相谋耳。且徒负求发之名，相告不相入耳。非特微言无益，即繁称亦无益也。安所庸吾发乎！夫意见不悱不化，辩

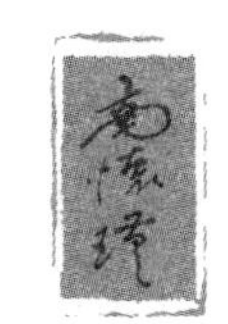

论不悱不亲。吾非不欲发，而无如不悱何也。不然，吾岂乐于不发者乎？（结比）且不愤而启，是终无由愤也。若因不启而愤，亦事之未可知者也。学者日望吾之启而自思之，愤乎未也？不悱而发，是终无由悱也。若因不发而悱，亦事之未可料者也。不悱而发，是终无由悱也，若因不发而悱，亦事之未可料者也。学者日望吾之发而自思之，悱乎未也。（结句）愤勿但咎其不启，不发为也。

该文作者秦道然，年代、籍贯，难以考证。这是他少年时代的作品，是从清代八股文的汇编《初学度鍼》中摘录出来的。所谓“八股”，便是“破题”、“承题”、“起讲”、“提比”等八个程式。如果了解了该文全篇的思想，与现在教育学的原理和教育哲学完全吻合，则不能说只是无病呻吟的考试文字而已。以下所录的，便是阅者的总评。如说：

此题之理，在欲学者勉于愤悱，以为受启发之地。此题之情，在反言以激之；故全神都在四不字，从愤悱转启发，正是题理，从不愤不悱转到不启不发，正是题情。又从不启不发，转到可以使其愤悱，正是题神。神者，兼情理而得之者也。至其就题两扇，劈分八股，如连环锁子，骨节相生。不用单句转接，局法最为高老。中股后接起，皆有藕断丝连之妙。每股煞脚，摇曳多姿。股中诠发实义，字字透辟细切。无一字一句，不可效法。允为初学津梁、发蒙妙药。如诸葛八阵图，知入

而不知出。余线批已细细指明，万勿粗心阅过，以为平平无奇也。文所以明道也，代圣贤立言，而不得其意之所存，炳炳烺烺徒然耳。顾生千百载后，欲道千百载以上人之意，已难，况圣贤微妙之言乎！况初握管而效为之者乎！故言文于初学最难言也。初学作文，最患将题含糊诵去，不能逐字洗刷。才高者，辜负才情，不顾题理。质钝者，缚杀笔底，不透题情。是二人者，其失不同，而为无当于文则一也。夫文之为道，题而已矣。一题有一题之理，一题有一题之情，得理与情，而思过半矣。顾其端，全在从题字中，层层搜剔而出。反正闭合，轻重抑扬，使其来路至精也，去路极清也。前后倒乱，非题理也。步骤逾越，非题情也。只此一诀，神而明之，知者不易学，愚者不难为。可以探千百载以上人之意焉，可以代圣贤立言焉，可以明通焉。安得谓初学作文，可不自此始哉！

（二）临大节而不可夺也八比正格

向日贞

节能有守者，臣职克尽矣。夫人臣非才为难，而节为难也。临之而不可夺，殆克守其节者欤！且夫事未至而谈节义，在在可以为忠臣。事既过而论坚贞，人人可以为志士。然矜言气节之人，未必真能气节者，何也？曰：以其非临事也。盖臣品之邪正，居恒未可深知，独危急困顿之时，一生之贤奸莫不分其梗概。学术之真伪，平昔未可遽辨，独艰难纷集之际，毕生之忠佞，莫

不定其权衡。嗟乎！孰是临大节而不可夺者乎？朝廷养士数百载，岂无责报之一日。及势至凌夷，而漫无足恃者，功名之士多，节烈之士少也。若人秉忠贞以为怀，故刃可蹈，鼎可甘，独此百折不回之意，必不可改。此国存与存，国亡与亡者，盖自匡居坐论时而已决矣。宁于委贽为臣也而忍负之。吾人读书数十年，岂无自靖之一念。及时至颠危，而顿易其操者，自家之念重，爱国之念轻也。若人本精白以自将，故家可亡，身可戮，独此靖共自献之心，必不可回。此不为威屈，不为势阻者，盖自草茅诵读而已定矣。宁于登朝致主也而忍忘之。幸而邦家徐定，则正色以立朝，而上可告无咎于君父，下可告无过于苍生。即特立之孤忠，自足树一代人臣之表。不幸而帝命难留，则从容以就义，而精诚可表于天地，志节可昭于日星。即一己之捐躯，亦足酬数世尊贤之报。持此志也，希贤希圣，已为天壤之全人。勿二勿三，庶几名教之正士。谓之君子，谁曰不然！

该文是一篇八股小品，但它对于人格的养成教育，以及人品和气节的思想，也并没有腐败到哪里去啊！现在再看当时阅读该文者的评语：

字挟风霜，词奔雷电，他日立朝，风节于此窥一斑。——左笔臣

忠贞如铁石，文信国公之《正气歌》也。——鲁木齋

（三）孝慈则忠单句

李课云

以忠课忠，忠固不待于使矣。盖孝慈即上之忠也。上能如此，民之忠顾待使哉。且上欲民之相见以心，上固善窥民之性情也，而不知民早已窥上之性情。上能为人子，民自戴之如父。上能为人父，民自依之如子。此上与下之以性情相见者也，而谓民之忠顾待于使哉。今夫民之不忠者有故矣，非不知元后之犹父母也。然上欲民之视犹父母，曷不念己之尚有父母乎？而胡为天性之多薄也。非不闻乐只之歌父母也。然上欲民之感同父母，亦曾问己之果能为父母乎？而胡为怀保之无闻也。是不能孝也，不能慈也，而第以忠责民乎哉！且夫世亦有能孝而不能慈者，而有说矣。谓取吾侪之衣，以衣其所亲。取吾侪之食，以食其所亲，是偏私之甚也。而兹则能孝而复能慈也如是，世更有能慈而不能孝者，而民尤有讥矣。谓不能亲其所亲，何能亲其所疏。不能厚其所厚，何能厚其所薄。是无本之施也，而兹则能慈而先能孝也如是，是则无所期于民，而民之寤寐自动也。天下惟是情之容拂耳，上自笃乎义所不容辞。一寝膳之节，而闾巷播为美谈。一抚手之恩，而妇孺感而歌泣。直不啻家人父子之情以相属也，而谁复自匿其情欤。是则无所迫于民，而民之感通自捷也。天下惟是理之不容诬耳。上自操乎物所不得遁，文告有时违所不忍违者，孝子长吏有时负所不忍负者，慈亲更晓于尊君亲上之

理，不容诬也。而谁复显悖乎理欤！孝慈则忠，此上与下以性情相见者也，使云乎哉。

评语：

若顺从孝慈讲到忠字，文势便平，又局亦不紧。讲下倒从不忠跌出孝慈，紧而能醒。诠孝慈处，俱从民心目中看出，则忠字既有根，而所以能忠之故，不烦言而解。凡属倒纲题，及感应题，皆作如是观。——次青

我们读了这些八股文以后，便可发现历史有今古的差别，文章体裁的做法也有时代的不同，但是青少年们的思想和心理，并没有因为历史时代的不同就有太大的差距啊！只有经过不同的教育方式的熏陶，各自发展成不同的意识形态而已。例如上文对于忠孝养成的观念，便指出须由“慈爱的教育”做根本，才能培养出忠孝的气节，这是古今中外不易的定理。

十一、新旧教育的变革

附录资料

上文讲到过去中国的读书受教育和考选人才的办法，以“四书”、“五经”作为标准，是由宋儒理学兴盛之后，自王安石的首倡开始。至于用八股文作考试取士的定式，是由明初开其先例。废止科举和八股文改以“策论”作考选的标准，则自戊戌政变以前，由康有为、杨深秀的上书力言其弊，而得光绪的同意实施，下诏正式废止，才结束了历史上以八股文考试的旧账。但完全停止科举考试的制度，兴办近代学校教育，则是光绪三十一年（一九〇五年）以后的事。

从中国教育思想的演变史来讲，废科举、办学校并非自光绪末年才开始。如果要了解这一代六七十年来教育的演变，以及今后教育的趋向，追溯远因，应该要从鸦片战争以后太平天国军兴和清朝中兴开始探寻，才能找出它的前因后果。换言之，近代中国受到西方文化的刺激，开始举办学校教育，其初是受实用科学的技术所影响和军事上的需要而开此风气之先。废八股、废科举，在清朝末代而言，是受到时势的逼迫仓促应变的事，并非如日本明治维新一样，变则全盘通变，有计划地变得干净利落。

自鸦片战争以后，清政府迫于洋务的需要，从咸丰十年（一八六〇年）设立总理各国通商事务衙门开始，到了同治元年（一八六二年），因总理衙门的请求，为了翻译外国语

文和熟悉洋务的需要，于京师（北京）设立“同文馆”。但是当时“同文馆”招收生徒，指定专用正途的科甲人员。除了学习外国语文以外，第二年，又增设学习西洋的天文、算学。可是当时朝野的保守派，对于“同文馆”的设置，力持反对的阻力也相当的大。到了同治五年（一八六六年），开始派遣知县斌椿率领官生赴欧洲各国游历。那时所谓的官生，大都从“同文馆”出身。在这个时期，由左宗棠发动船政之议，由沈葆桢负责办理造船工作，有关造船的技术职业教育，已经在半洋半旧的方式下开始了。

再到光绪二十一年（一八九五年），张之洞奏议仿照德国制度，设立陆军及铁路学堂。二十三年，张之洞又奏设武备学堂。一直到戊戌政变那年，才开始设立经济特科，又设立京师大学堂，又诏改各省书院为学校。不过那时所谓的经济特科，并非现在狭义的经济学（Economics），那时所称的经济，是旧观念的经纶济世的通才之学。同年五月，又诏废八股文，改科举的考试文章为“策论”，跟着又诏各省府厅州县设立学校。再到光绪二十九年（一九〇三年），才正式颁布学堂章程。三十一年（一九〇五年）再诏停科举，再举经济特科，设立学部。三十二年（一九〇六年），宣布教育宗旨。

我们简略地了解了从咸丰十年（一八六〇年）开始，中国接触了西方文化，逐渐改变固有的教育制度。到现在，已经有了一百年上下的历史。时代的推移迭相更改，历史的变革频仍。由此而看东西文化的交流，以及新旧教育制度的改革演变，对于国家民族的兴衰得失，便会产生无限的感慨。

我们现在以温故知新的态度，先把清朝末期（光绪时代）有关变革教育制度的大要史料重新翻阅一遍，然后再来讨论这一代教育与现代青少年的思想和心理问题的关键所在，便可“观今鉴古”而求出它得失利弊的前因后果。

附录资料

光绪十三年（一八八七年）开始，由总理衙门奏定出洋旅游人员章程十四条，是继同治以后派遣出洋留学考察输入西方文化的实施办法。如云：

> 一、每年经费四万余两，以十员或二十员为额。二、考试人才，以长于记载、叙事有条理者入选。三、量官阶高下，酌给薪水。四、准开川资，准带仆役。五、游历年限。六、预支薪水。七、船价车价报销。八、游历地方川资。九、游历各地详细记载。十、各国语言文字科学，审择学习。十一、游历回华，应自明心得及著述。十二、由使臣领事保护照料。十三、各员先后具报启程。十四、父母老病不愿出洋者，准呈明免行。

张之洞初在两广总督任内，设立陆师学堂。到了光绪二十一年十一月奏陈练兵改用洋操，设江南自强新军，又在十二月，奏设陆军学堂及铁路学堂。奏谓：

> 自强新军开办情形，业已陈奏在案。德国陆军人员

无一不由学堂出身，今欲仿照德制，练成劲旅，非广设学堂，实力教练，不足以造就将才。光绪十二年间，天津地方，曾设立武备学堂。即臣在两广总督任内，亦曾设立陆师学堂，虽学生额数有限，而此次创练新军，营哨各官，取之两处学堂出身之人，究视未学者领会较易，长进甚速，是学堂之益，确有明徵。查江南省城原设有水师学堂，今于仪凤门和会街地方，创建陆军学堂，讲舍住屋操场，一例备具。学生以一百五十人为额，为马步炮队，及工程台炮各门，约以二年为期，二年后再令专习炮法一年。三年期满，分别甲乙，是为毕业。又铁路一项，学有专门，与陆军尤相关系。从前北洋亦经设有铁路学堂，但人数不多，殊不敷用。今拟另延洋教习三人，招集学生九十人，别为铁路专门，附入陆军学堂，以资通贯。其款项筹拨方法，陆军学堂开办四万数千两，在筹防局动款拔用。至常年经费四万余两，又铁路学堂经费二万数千两，即在山海关新认加解每年四万两，镇江关新认加解每年七千两项内动支，更劝募商捐以定之。

疏入报可。

这就是我们在上面所说，中国历史上教育的改制，开始仿照西方文化的教育制度兴办学校，是为了实用技术和军事上所需要的史料之一。

跟着而来的，便是光绪二十二年始设官书局，任命孙家鼐为管理大臣，积极接受西方文化洗礼：

先是光绪初，日割琉球，法割安南，英割缅甸，列强竞争，外患日迫。中外士大夫，多有知旧政之不良，潜思改革者。一八八八年，英美宣教士及领事等，创办广学会于上海，有志之士，相与译新书，讲新学，排外自大之气为之一变。及甲午战起，粤人康有为等，复继广学会设强学会于上海，尚书孙家鼐、鄂督张之洞等，均赞助之。于是京师官绅，相与设强学书局翻译新书，讲求时务。嗣经御史杨崇伊，奏请封禁。至是御史胡孚宸复奏请将强学书局，改归官办，总理各国事务衙门因奏请改设强学书局为官书局。奉旨允准，并特派孙家鼐为管理大臣。

同年七月，又由工部尚书孙家鼐奏请开办京师大学堂。

先是大学士李端棻奏请推广学校，以励人才，京师宜建立大学堂等语。朝命饬下管理官书局大臣孙家鼐，察度情形，妥筹办理。至是孙家鼐奏陈六事：

一、宗旨宜先定：以中学为主，西学为辅，中学为体，西学为用。

二、学堂宜建造：讲堂学舍，必爽恺宜人。仪器图书，须庋藏合度。

三、学问宜分科：拟分立十科：甲、天学，算学附焉。乙、地学，矿学附焉。丙、道学，各教源流附焉。丁、政学，西国政治及律例附焉。戊、文学，各国语言文字附焉。己、武学，水师附焉。庚、农学，种植水利

附焉。辛、工学，制造格致各学附焉。壬、商学，轮船铁路电报附焉。癸、医学，地产植物各化学附焉。

四、教习宜访求：中国教习，应取品行纯正，学问渊深；外国教习，须深通西学，兼识华文，方无扞格。

五、生徒宜慎选：年以十五岁为度，以中学西学赅通者为上，中学通而略通西学者次之，西文通而粗通中学者又次之，分为三班。

六、出身宜推广：参酌中西，特辟三途。

甲、立科：仿前乡会试立算学、时务等科之例，咨送与考。

乙、派差：如应试不中式，量其所长，咨总署派往使馆充当翻译，或分布南北洋海陆军船政制造各局帮办一切。

丙、分教：泰西有师范学堂者，专学为师，学生如不应举为官，即考验后任为教习。至经费一层，应请飞饬南北洋大臣，无论何款，按月各拨银五千两，解交户部，作为京师大学堂专款。

疏入从之。

到了光绪二十三年五月，湖广总督张之洞又奏设武备学堂。奏谓：

外洋武备学堂分为三等，小学堂教弁目，中学堂教武官，大学堂教统领。学术浅深难易，为此为差。今我国如救时计，虽不能遽设大学堂，而教武官之学堂似不

可缓，今拟专储将领之材，选文武举贡生员及文武候补员弁。官绅世家子弟，文理明通，身体强健者，考取入学堂肄业。其功课章程，令洋教习酌议，课程余暇，即令其诵读四书，披览诸史兵略，以固中学根柢，兹于湖北省城东偏黄土坡地方，购地建造学堂，派员妥定课程，以期有实效而无流弊。

得旨允行。

光绪二十四年，也就是有名的戊戌政变那一年正月，诏设经济特科，正式设立京师大学堂，改各省书院为学校。

先是贵州学政严修，奏请开议专科，经总理各国事务衙门会同礼部议奏，允先行特科，次行岁举。特科约以六事，曰：内政、外交、理财、经武、格物、考工。由三品以上京官及督抚学政各举所知，咨送总理衙门，会同礼部，奏请试以策论，名为经济特科。岁举则每届乡试年分，由各省学政调取各学堂书院高等生，送乡试分场专考。

令高等学堂毕业者入焉，以谨遵谕旨，端正趋向，造就通才为宗旨。计分八科，曰：经学科、政治科、文科、医科、格致科、农科、工科、商科。

诏各省府厅州县，将现有之大小书院，一律改为兼习中学西学之学校，以省学为高等学校，郡城为中等，

州县为小学，并祠庙不在祀典者，一律改为学堂。

五月，诏废八股文，科举改试“策论”：

经义试士，始于宋王安石，至明初乃定为八股文体式。尊其体日代孔孟立言，严其格日清真雅正，禁不得用秦汉以后之书，不得言秦汉以后之事。于是士人皆束书不观，争事帖括，至有通籍高第，而不知汉祖唐宗为何物者。康有为及御史杨深秀，会于本年三月，上书请废八股，为许应騤所驳，不行。四月初，梁启超复联合举人百余人，连署上书，请废八股，书格不得达。至是康有为、张元济因召见，皆力陈其害，康至谓辽台之割，二百兆之价，琉球、安南、缅甸之弃，轮船、铁路、矿务、商务之不兴，以及民之贫，国之弱，皆由八股害之。帝喟然曰：西人皆日为有用之学，我民独日为无用之学。康即请曰：皇上知其无用，能废之乎？帝曰：可也。康退，告宋伯鲁，使抗疏再言之。疏既上，帝立命军机大臣批准，刚毅谓此乃祖制，不可轻废，请下部议。帝曰：部臣据旧例以议新政，惟有驳之而已，吾意已决，何议为？诏遂下。

略如云：

我朝沿宋明旧制，以四书文取士，康熙年间曾停止八股，考试策论，未久旋复旧制。一时文运昌明，儒生

稽古穷经，类能推究本原，阐明义理。制科所得，实不乏通经致用之才，乃近来风尚日漓，文体日蔽，试场献艺，大都循题敷衍，于经义罕有发明，而浅陋空疏者，每获滥竽充选。若不因时通变，何以励实学而拔真才。著自下科为始，乡会试及生童岁科各试，向用四书文者，一律改试策论。

同年五月又诏各省府厅州县设立学校。诏谓：

前谕入京师大学堂肄业者，必由中小学递升。惟各省中小学，尚未一律开办，著各督抚饬地方官各将所属书院详查，一律改为兼习中学西学之学校。至于学校等级科目，应以省会之大书院为高等学堂，郡县以次递降。所有小学中学应读之书，仍遵前谕，由官书局编译中外各书，颁发遵行。至于民间祠庙，有不在祀典者，即由地方官晓谕民间，一律改为学堂。

光绪二十七年八月，诏各省州县改设三级制学堂：

自七月下旬，诏各省筹建武备学堂，停止捐纳实官后，至是复命各省所有书院，于省城改设大学堂，各府及直隶州改设中学堂，各州县改设小学堂，并多设蒙养学堂，已而又命各省选派学生出洋肄业。

光绪二十九年十一月间，颁布学堂章程，再诏停科举：

于省城改设大学堂，各府及直隶州改设中学堂，各州县改设小学堂，并多设蒙养学堂，定章程以鼓励之。凡由学堂毕业考取合格者，给予贡生、举人、进士等名称。又特设管学大臣以专其责，此二十七年事也。二十八年颁定学制，命各省选择学生，派往西洋各国讲求专门之学。其后学制，递经改订，规模渐具，至是命由张之洞会同管学大臣，将学堂章程悉心厘订，议定进呈。

凡初等小学堂、高等小学堂、中学堂、高等学堂、大学堂、附设通儒院，六种章程各一册。又外国蒙养院，一名幼稚园，兹参酌其意，订为蒙养院章程及家庭教育各一册。另就原设师范馆章程参考订定初级师范学堂、优级师范学堂、任用教师等三种章程各一册。又农工商实业，另拟有初等农商实业学堂、附实业补习普通学堂，及艺术学堂各章程。中等农工商实业学堂。高等农工商实业学堂、实业教育讲习所、实业学堂通则，五种章程各一册。此外管理法编为各学堂管理通则一册，又总括设教宗旨，为学务纲要一册。

当时称为赅备，并拟递减科举办法，疏入，命次第推行，并改任孙家鼐为学务大臣。

光绪三十一年，又诏停科举：

自二十七年七月诏废八股之后，科举仍每岁举行，

至是因日俄之战，全国风动，直隶总督袁世凯等遂奏请立停科举，推广学校，廷议从之，遂下谕。略言：三代以前选士皆由学校，而得人极盛，实我国兴贤育才之隆轨。即东西洋各国富强之效，亦无不本于学堂，方今时局多难，储才为急，朝廷以近日科举每习空文，屡降明诏，准将乡会试中额，分三科递减。兹据该督等奏称科举不停，民间相率观望，欲推广学堂，必先停科举等语，所陈不谓无见。著即自丙午科为始，所有乡会试一律停止。各省岁科考试，亦即停止。又言：学堂本古学校之制，其奖励出身，又与科举无异云。自是科举遂废，学堂日兴，其留学欧美者所在兴起，全国风气为之一变。

到了光绪三十二年二月，宣示教育宗旨。诏曰：

考各国学制，大别有二：曰专门。曰普通。而普通尤为各国所注重，普通云者，不在造就少数之人才，而在造就多数之国民。今因中国政教之所固有，而亟宜发明以距异说者有二：曰忠君，曰尊孔。又宜箴砭以图振起者有三：曰尚公，曰尚武，曰尚实。著将钦定教育宗旨，颁示天下，悬之京外学堂。

看了以上的历史资料，我们至少可以得到一个概念：在时代潮流的趋势中，要想真正融会古今中外而建立一个新的教育思想和制度，绝非单凭浅见的眼光而只图一时的快意和

躁进所能成其事。同时，看了这些史料以后，也可了解我们现在有关文化教育等问题，仍然还是这个世纪中的老问题，只因时代意识的不同，表现的形式两样而已。

十二、值得反省的代差与教育

文化史上的一笔『呆账』

先从小学教育的课本说起

以考试为学问的流弊

新式与旧制小学的差距

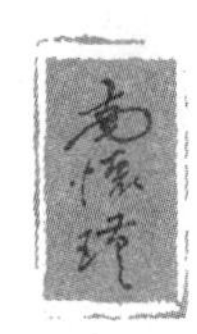

前面费了不少的时间，反复讲述了近代一个世纪以来文化和教育在历史上演变的陈迹，其目的，为了使我们现代的青少年们，了解有关这一世纪的思想和心理问题的来因去果，而后才能真正深入其中心，探讨其得失，也才知道如何自强自发地担负起这一代应负的责任，以及如何建立今后文化思想的方向。现在要讲的，将是衔接我们这一代切身的问题。但是其中还有不少的因素，牵涉广泛，无法一一剖析，只是略说端倪，以资启发，希望有志之士自寻答案而确立自身的作业。

由于前面的讲述，我们至少知道过去有关东西文化、语文的交流工作，以及教育思想和教育制度的演变情形，已经有了百年前后的历史。换言之，横亘在我们面前的种种问题，例如东西文化思想的交流、教育思想、教育制度和教育方法等，仍然逗留在将近百年以来的老问题上，到目前为止，并无特别翻新之处。同时也由此可知重新整建一个国家民族的文化，绝不是单凭一时的意气，可以立竿见影，一蹴而就，侥幸而得的。并且也由此可知其中根本就没有什么代差、代沟等的存在。现在青少年们所梦想以赴、愤慨以求的，也是上一代所希求的目的；现在青少年们的感受，也正是上一代慷慨悲歌的情形。只是时代环境的不同，彼此面对

的景象各别而已。规规矩矩来说，上一代的老少年们，由于年龄随时代的消失，意志随岁月的凋逝，精神随体力的衰竭，把齐家、治国、平天下的愿望，寄托在下一辈后起之秀的身上。因此，从表面看来，老少两代的思想与作风，在形式上纵有差异，但在实际上，却正如接力赛，互相衔接，上下两代哪里真有一道鸿沟的间隔呢?！如果真有代差、代沟的存在，人类的历史一定会有绝无仅有或一段真空的现象出现。那么，历史事实与历史哲学的本身，都成为废话而不通了！事实上，历史的演变也正是衔接性接力的变异，绝无一个无因而来的可能。因此，历史哲学仍然具有它值得研究探寻的价值。

文化史上的一笔“呆账”

现在我们旧话重提，再从清朝末代废除科举取士与改革教育制度谈起，由咸丰时代的学习西洋文学，出洋考察，成立同文馆，翻译西书，以及到了光绪初年废除各省州县的书院制度，成立学堂和正式设立北京大学堂的一连串的事实开始，将近一百年来的文化输入和“东才西学”的成绩，在历史上究竟有些什么交替？而且一般正式从“西学东来”的前辈学人们，他们为我们的国家民族又究竟作了哪些实际的贡献？当然喽！除了从事有关应用科学而默默无闻的建树者值得我们予以相当的崇敬以外，其余的，实在不敢期期奉承。此所以我们在这一时代中，不及东邻日本在第二次世界大战以前的进步之故。固然，我们也不能随随便便就将这个重任贸然地加付在他们的头上，况且其中还有许多阻力的因素，

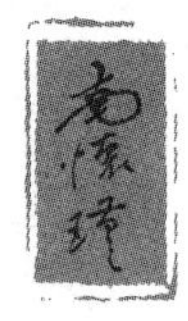

绝非骤然可以消除的。例如历史文化旧包袱的拖累，以及新旧思想一时难以融通的差异，因此才有上一代劳而无功的结果。但从“《春秋》责备贤者”的意义来看，却也不能轻易地推掉中国文化人的责任啊！

先从小学教育的课本说起

讲到这一世纪教育上的沿革，我们必须要从教育的宗旨和内容说起，同时更需要从基本教育——中小学的教育说起。关于过去童稚开始接受教育的情形，我们已略如前面所讲，虽然并无明文规定它的宗旨，大体上都是以人格的养成为教育彻始彻终的精神。至于上下两千年来教育的内容，都以“四书”、“五经”为教材的主要中心。除此之外，虽然另有如《三字经》、《千字文》等一类的书，也只能算是辅助性的读物。自从西风东渐促使教育改制以来，“中学为体，西学为用”的观念，以“经”、“书”为主的一贯教育，始终还是一仍未变。尽管有人表示反对，但过去数十年来的确是如此。后来由改制而注意到小学教育的课本，根本撇开旧套，从教习儿童的识字教育开始，但还是走的《礼记》文化的老路线，采用“小学”、“训诂”的精神，配合西方文化的看图认字的教学方法，因此而有了“人、手、刀、尺”、“山、水、田”、“狗、牛、羊”等初级小学课本的出现。从此而再演变，便又改课本，作为小学“小猫三只四只”、“猫儿叫，狗儿跳”一类低年级的读物。再往后的一再改变，便到了现在的“开学了！开学了”、“老师早，老师好”的课本了。可惜我手边资料不够，如果资料齐全的话，就可以把这几十年

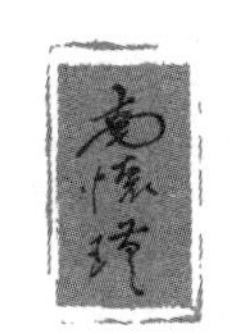

来所有课本内容的改革做有系统的研究，那么一定会发现许多道理和足资反省、检讨的地方。如果有人拿这资料作一篇《二十世纪中国中小学教育课本的改革和文化思想之演变关系》的论文，保证一定可以拿到一个学位。

当时有关这些课本的改革问题，都是经过慎重的研究和考虑，尤其需要根据国家教育政策和教育学、儿童教育心理等学理的依据，并无随便乱来的嫌疑。至于人格养成的教育，则只归公民课本去负责（旧式的“公民”叫作“修身”）。大家都是身历其境，都有受过这一教育方式的实际经验，不必再作详说。尤其像我们列入上一代的老少年们，亲自有过新旧不同的教育经验者，对此看得更为清楚。必须承认新时代的教育内容和方法，对于开启国民知识和普及教育的效果，的确迥非前代可比。但是知识并非就是学问，人格养成和国家民族文化精神的栽接，并非有了知识就能成功的。尤其对于儿童教育来说，问题更为严重。因为我们现在所采用的教育方法，为了配合当前时代的需要，大体上都是传授知识和技能，并没有真正考虑到国家民族“承先启后”的百年大计。旧式的教育，虽然也没有明文确定是为这一目的而教育，但几千年来的一贯精神，实在是与此目的相契合的。

现在为了面对当前时代的需要而传授知识和技能，那么，所有教育措施，就只看时代的趋向、社会的需要而决定教育的方向。因此，就无法以教育思想来开辟时代而领导新时代了。尤其为了“语”、“文”合一而采用的课本，对于知识的传授和传播，收到眼前的功效确实不少，但是距离中国文化的本位，就愈来愈远了。我们所谓的中国文化的宝库，

都在上下五千年的古典书籍里，但是古书都用文言写成的。我眼见现代的青少年们，虽然爱好中国文化，有心要想研究中国文化，基本上就读不通古书，打不开这个上下五千年宝库的锁钥，因此只有望洋兴叹，左顾右盼的尽是一片茫然了。

以考试为学问的流弊

并且最不可解的，我们现行的小学课本，与中学、大学并非都能衔接。从小学一年级开始，拼命教儿童们背诵现行课本上的许多大可不必要的知识，来准备月考和期考。因此弄得有心望子成龙的家庭，比较上进的子弟，“三更灯火五更鸡”背书作功课，比起科举时代的考功名、背八股，更加严重。当时为了考功名，背“经”、“书”，背了以后，一辈子受用不尽而学无止境。只要问一问，我们现代六七十岁以上有所建树的老少年们，请他们平心静气地谈一谈，哪一个的学问知识不是从这种旧教育方式中打下基础？可是现在我们花费了无价可比的下一代童年时代的时间和精力来背课本，弄得头脑呆板，眼睛近视，背熟了以后，除了应付一级一级的考试以外，便等于毫无用处。一考上了中学，小学读的书就等于白费。考上高中，初中的书是白读了。考上大学，中小学的书等于无用。大学毕业以后，踏进各阶层社会来做事，无论如何专门，也会感觉到所学与所用，完全毫不相干。除非还要为一辈子的考试再接再厉，那才还有些用处。因而，正常情况下，或者在大学毕业以后，才需要正式开始重新读书求学。

有一次和一位学师范教育的同学谈天，偶然讲到这些问题，我问他说："我们现在教育的真正价值在哪里？"他叹了一口气，笑着对我说："为了考试。"由小学考中学，中学考大学，考研究所，考出国，考种种和种种的考。考过了一生，然后方有资格称"显考"和"皇考"。这真是一个语重心长的幽默。考试是中国文化特有的创作制度，法良意美，素来为外人称道赞誉的。谁知到了现在，一考之弊至于如此，因此而形成现在青少年们的思想与心理潜在的抗拒意识，也是相当严重的因素之一，的确不能掉以轻心而疏忽置之的。如果以时代观点，从西方文化的教育制度来讲，欧、美各国的小学教育，其课本与作业，也有考试，但轻松而活泼，收效的现象也绝不像我们的情形。至少目前美侨在我们这里的教育，也可以值得借镜而窥见其一斑的。

新式与旧制小学的差距

讲到有关几十年前小学教育制度的内容和现在的情形，更会使人引起教育史上的沧桑之慨！如果一定说现在的老少两代存有代沟或代差的话，所受教育制度内容的影响，也是重要的原因之一。过去的小学，由旧式到新时代，制度还未十分完备。小学教育，便有初级小学与高等小学之分。如果再向前推，又有旧制的高等学堂之别了。我们在前面已经讲过由清末以来的教育改制资料，便可知旧制的高等学堂，它的性质相当于现在的完全中学。再进一步，便是旧制所称的大学堂了。至于综合旧制的初级小学和高等小学来讲，它们的性质等于现在的完全小学。但在几十年前的小学，由初级

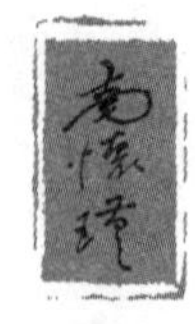

到高级，不但对于西方文化的英文、算学等基本教育已经列为必修而有相当的程度，而对于中国文化的传统教授，大体上还是因袭旧式的精神，保持传统的读书风气。因此倒退回去几十年来讲，那个时代一个毕业于高等小学的优秀学生，他的知识程度、学问修养和见解，比起现在一个毕业于完全中学的学生，实在高明得多。如所周知，在这个时代几十年来很多对国家社会有建树的人物，无论在党政、军事或文化教育、工商各界出人头地的，他的学识基础的深度，都是由于旧制小学和依照旧式读书的教育成果。其实，这是我们这一代老少年们大家心照不宣的老实话，我相信他们大家也都有同感，只是不肯出之于口而已。

我们现在社会安定、经济进步的一代，国家花了经费，普及了国民教育，何以在完整的国民教育制度下反不如其初也？而且反因教育的普及促使青少年思想与心理上的彷徨，这又是什么原因？实在值得深思反省。老实说，这几十年来，如果只靠普通学校教育的方法，恐怕中国文化的精神早已沦陷无遗了。当然，我所知不及的地方，或许很多，但是，如果这一代中真正亲自接受过新旧教育与普通学校教育和军事学校教育的，或者对我所说会予首肯的。

十三、教育与文化的中空

再说中小学教育的代差

六十年来演进中的大专教育

由旧式教育转向新式教育

新旧读书方法

才流都向考中磨

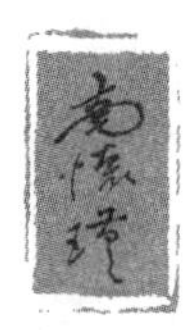

这一两年来，有些从大学和研究所毕业的同学，进入社会工作以后，深切地感觉到自己中国文化以及中文修养方面太过贫乏，甚之，因此而影响对西方文化的认识也愈来愈肤浅，希望我们读过旧式书院的老少年们，根据真正书院的精神，参酌西方研究院的长处，试办一个可供读书讲学的地方。此事看来很好办，但事实上，有许多的困难无法解决，同时也是一件吃力不讨好的工作。而且最主要的，我还是振作不起疏懒惯了的个性，平常徒托空言，不肯积极地见之于行事之间。所以一再因循，得过且过。

最近，许多初进大学的同学，碰到大学毕业的同学，向他们讨教求学的方向，以及开始研究中国文化的方法。因为这些青年考进了大学之门以后，才开始觉悟到必须“反求诸己”——研究中国文化的精要。但因为由小学到中学的十多年时间，浪费了青春的精力和智力，死背了许多无用的知识，对于中国文化，所有的是一片非常可怕的空白。现在进入大学，比较有些自由读书研究的机会和时间，但又不知如何入手，如何找出一条简捷易晓的捷径，以及如何迅速地弥补过去的空白。

新进的同学们发觉了问题，前期的同学们对此也同样不知所措，谁也不能昧着良心盲目地指人一条暗路，单靠读经

就行吗？谁又不会读经呢？凡是多认识些中国字的，都说自己会读“三坟五典，八索九丘”。甚之，诸子百家之学，都可一目了然，无所不通。目今林林总总的学子，以及负责教育的，谁又不是博古通今，目空一切的呢？而且讲授人文思想的，提到中国文化，除了尧、舜、禹、汤、文、武、周公、孔、孟以外，便是“我”。然后便气“盖”万夫地褒贬诸方，肆意谩骂。提到西方文化，除了苏格拉底、柏拉图、亚里士多德等以外，在中国，无论自己的洋文真的通与不通，除“我”以外，还有谁呢？结果呢？砍过程咬金式的三斧头以外，再要“扣其两端”，便是“空空如也”犹如圣人了。如今滔滔滚滚者大半如此。因而青年们彷徨更彷徨，唾弃更唾弃，你说怎么办？

还有一位某大学的同学对我说：“我们学校的新决定，要把某一科的思想史，改作一年级的必修课。请问：你对此有无意见？”我说：“放在哪一年都可以，我无意见。不过，为什么有了这种动议？”他说：“因为要大家先对历史有了认识，才好选择自己的志趣，应该专攻哪些学问。”我说：“如果照这样说来，大家在中学阶段都没有读过历史吗？如果在中学里已经读过历史，为什么到了大学一年级还要再了解一次历史呢？倘使本来已经知道历史，只是不知道历史上的学术思想史而已，那么，兹事体大，就非大学一年级的程度所能了解。照现在大学生的程度，恐怕至少要三年级才能开始研究。”总之，对于这个问题的本身，并不足以重视，目前教育的现况，都是似是而非，只要学校当局的“老板”们，随心所欲而不逾外行人规定，爱怎么办就怎么办。但是由中

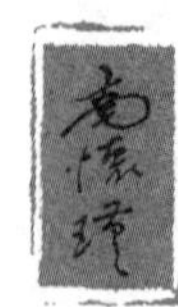

学到大学的一段“中空”，又是谁该负其责咎呢？

再说中小学教育的代差

本世纪的六十年中，我们的国家一直在忧患中度过多难的岁月。距今三十年前，我们还未实施国民义务教育以前，无论小学、中学、大学，都是在旧制中蜕变改进，并未确定一个为国家百年大计除旧更新的准确路线。虽然各省县照例有县立高等小学和省立中学的建立，但较为僻远的地方，仍未普遍地设立。因此各地的知识分子，秉承中国固有文化思想的读书人，抱着读书救国的传统精神起而私人兴学的，大有人在。但是，三四十年前的小学或中学，无论是公立或私办，大多都在不今不古、半中半西的文化思想之回漩中教育青少年们。人文思想方面，正是西方文化思想开始输入的阶段；自然科学方面，也只是初步移植新知，培养后进。除了东南和沿海一带比较容易接受西方文化之外，教会的势力也随着百年来的苦心经营而伸入教育范围，此时已兴办新式学校，努力介绍西方文化，积极传授洋文。至于其他公私立中小学的学风，仍然还是停留在以中学为主、西学为用的阶段。有些虽然不是完全以中国文化为主，至少也是偏重在东方文化方面。倘使只从中国文化的立场来说，三四十年前受过中、小学教育的人，对于中国固有文化，正处在“褪色”的阶段，还没有像这二十多年来，由褪色而变为“真空”。这种现象，只要深切体会我们现代中国人对于中国文化吸收的程度，以二十年做一阶段，从六十年前受教育，与四十年前受教育，以及最近二十年来受教育的人相比，就可很明显

地看出差异。如果说现代中国文化真有代沟的话，那么文化思想上的代差就是非常明显的事实，大可不必讳疾忌医而不谋自救之道。至于目前二十岁左右的大专同学，乃至再往前看看，还正在受小学教育的小朋友们，因传播事业和时代文明的发展，新的代差又在更新的孕育中成长。为“国家百年大计”、为“人类文明前途”，亲身目睹这些历史文化演变的现象，使人对于“成己成人”的千秋事业，不禁四顾彷徨，毕竟如何才能向历史任务作一交代呢?

六十年来演进中的大专教育

由以上的大要，了解了六十年来中、小学教育的概况，再回顾一下本世纪中我们的大专教育，更有“概乎言之”之况了！我们在前几次讲述中，对于清末民初教育制度变革的情形，已经约略提到它在历史上演变的大要。从一般性的大专教育来讲，大学方面，由京师大学堂改制成民国以来的北京大学之后，在北方还有北京师范大学、清华大学等的建立。以后各省也分别设立了大学，例如云南、四川、山西、浙江等。此外，各地也有继起的私办大学，后来又有国立的各个大学。其他在东南沿海直接或间接由教会办的和私人创办的大学，在输入西方文化和传授洋文方面，素来便有一路领先、特别优秀的卓越声望。至于职业性的学院，除了医学、法政与交通等，要算师范学堂最为流行，因为当时我们国家在政治、立法和建立新时代的教育方面，在在需要人才。此外，有关矿冶、蚕桑、纺织方面，也有少数的专校。但是，一切都还在建设性的新创过程，教育方法虽然很认

真，制度还未完全确立，或多或少，总在不今不古、半古半西的成长阶段。特别是属于革命性的教育方面，又与一般教育分途。

由旧式教育转向新式教育

面对现在的青少年们，大概描述了这几十年来教育的趋势，虽然笼统讲了中、小学和大专的情形，但是绝不能拿诸位同学现在在此地受教育的经历，来看过去五六十年或三四十年的情况。否则，便会使我们要讲的主题——二十世纪青少年的思想与心理问题——完全脱节而毫不相干。我们花费了很长的时间，叙述现代史上教育演变的情形，正是为了层层剖剥有关现代青少年思想与心理问题的因果关系。也许大家了解了这些事实以后，由果推因，便会知道自己是如何成长茁壮在这个安定幸福的社会中，同时也可由此而体会到“忧患兴邦，逸乐亡身”的道理。

几十年前，我们读书求学可没有像诸位现在那么容易。现在政府实行义务教育，并有奖励求学等政策的规定，又加社会安定、国民经济平稳、交通方便，所以由小学、中学，一直读到大专和研究所，都是一帆风顺，平步青云。可是前一辈的老少年们，就与现代青少年们大大的不同了。尤其像我们这些不今不古、不中不西、不老不少的老朋友们，讲到读书求学的故事，真有不胜今昔之沧桑感慨。

几十年前，像我们这些来自乡村的老少年，先在家里接受了旧式读经书的家塾教育，既不是像现在青少年为求职业、求学历、求出路而接受教育，更不是为了科举、考八股

以博取功名。我们从小先要接受旧式教育的动机，那是传统历史文化上旧观念的习惯所驱使，同时也是受了旧观念的“万般皆下品，唯有读书高”的意识所影响。因为当时在新旧社会形态的变革时期，许多乡下人真还弄不清国家教育政策的方向。除非有些在通都大邑的人，得其风气之先，才真是为了读书救国、为了学问而学问地接受教育。现在反省起来，说句老实话，我们当时的读书受教育，有意无意，或多或少，都是因袭三千年来的旧观念，不外乎由“光耀门楣”、“读书做官”的动机而来。当然仍有少数杰出之士属于例外，不能一概而论。这种观念，也正如现在大家潜在意识的观念一样，是为了求学历，拿文凭，好找职业，好谋出路。只是时代不同，观念的名称改变，实质上，还是换汤不换药，在根本的心理意识上完全相同。

新旧读书方法

我们当时旧式读书受教育的方法，是“读古文，背经史，作文章，讲义理”，那是一贯的作业。那种“摇头摆尾去心火”的读书姿态，以及朗朗上口的读书声，也正如现在大家默默地看书，死死地记问题，牢牢地背公式一样，都有无比的烦躁，同时也有乐在其中的滋味。不过，以我个人的体验，那种方式的读书，乐在其中的味道，确比现在念书的方式好多了。而且一劳永逸，由儿童时代背诵“经”、“史”和中国文化等基本的典籍以后，一生取之不尽，用之不竭。当年摇头摆尾装进去，经过咀嚼融化以后，现在只要带上一支粉笔，就可摇头摆尾地上讲堂吐出来。所以现在对于中国

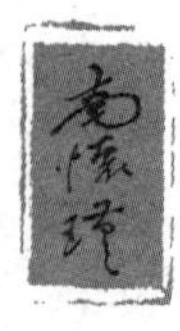

文化的基本精要，并不太过外行，更不会有空白之感，这不得不归功于当年的父母师长保守地硬性要我们如此读书。

家塾读书受“经”的遗风当然存在不了好久，时代的潮流到底很自然地打开了风气，马上就需要转进“学堂”（当时俗语称呼新式的学校叫洋学堂）去上学。但是，就以高等小学（等于现在的国民小学）来说，一个县里也没有两三个，有些地方隔一两县才有个中学。虽然路途只隔十多里或二三十里，可是要一个生长在保守性农村的子弟，基本上是先受旧式教育读书的小孩子，背上一肩行李和书箱，离开家园而进入学堂的大门，过着团体受教育的生活，其中况味，比起现在出国去读书还要难过。如果由高等小学毕了业，有能力、有志趣，要再上进去读中学，那种气氛就像专制时代进省考举人一般严重。三四十年以前，在守旧、保守的农村社会里，一个乡村没有几个中学生。当时，他们便等于是洋举人，风头之健，足以博得人们的刮目相待，或“侧目以视”，至于偏僻地方，一个县里能有几十个中学生，已是了不起的事。再能进读大学的，真是寥寥无几了。但是那时一个高等小学毕业生的学养程度，比起现在中学毕业的还高得多。一个中学生，比起现在大学毕业的，也要胜出一筹。如果大家不说假话，当代多少知名之士，在各界有所成就的中年以上人物，很多都是在这种不新不旧的中、小学教育环境中成长自立起来的。尤其站在中国文化方面来讲，的确是如此，其中的原因固然很多，最重要的因素，还是因为时代的不同，从小学开始，对于中国固有文化，已经打了较好的基础，这是不必讳言的事实。这就是我们的国家在几十年前，

由农业社会转进工商业社会，因教育形式的不同，而使得这半个世纪中的心理和思想上，产生许多新旧的差异。

为什么当时读到中学的人那样少呢？这就涉及了当时政治、经济、交通、教育等许多的问题，而且这些问题也都是现代教育上的专题。现在追溯从前，只从经济方面来讲，当年的农业社会，较为僻远的地方，能够使一个子弟读完高等小学，在学费的负担上已经非常吃力，如果要使一个子弟读完中学，在学费、路费（交通费）、住宿、膳费等的负担，如非“中人之生产”的家庭，实在很难负担得起。除了通都大埠以外，一般农村社会，除了要子弟读书做官来光耀门楣，否则，教育对他们而言，真是一件过于奢侈的事了。倘使再要上进去读大学，就等于清朝时代的上京考进士一样的严重。因此那时候一个大学生，除了少数真正毫无出息的世家公子，或富家纨绔子弟以外，只要能够进入大学读书的，学识才能的程度，就远非今日的大专同学可比了。当然，大学生们也许会盲目地责怪上一代的老少年们对于国家历史上的贡献。事实上，如果真能深切地研究、了解了我们国家在这半个世纪中，遭遇“内忧外患”的种种经过，便会体谅上一代的老少年们，是如何地运用不今不古、半中半西的学问知识，极其艰辛地撑持了这“六十年来家国，八千里地山河”的历史局面。在艰危变乱中，诚然不免忙中有错，何况世界上最难了解、最难判断的便是人和事。因此对于这个问题，很可以引用两句古话来说：“书到用时方恨少，事非经过不知难。”

才流都向考中磨

在这二十多年来，教育的发达和普及，远非从前可比。但是无论教师或家长，都感觉到教育水准的低落，一代甚于一代，而远不及从前。当然，其中原因复杂，不能只苛求于学校的教育，例如社会风气与社会教育的关系，家庭教育与家长思想的关系，整个教育精神与教育制度的关系。在在处处，都是整体连锁性的因素。不过，单以中学的教育而言，问题就颇为严重。历年来为众望所归的几个著名小学或中学，尤其是某些“女中”，为了争取校誉（以升学率的高低而定校誉的声望），大半时间，在教“考”。除了背考试题以外，就不知道什么叫教育了。而且功课的繁重，根本没有时间多读课外的书。我与学生及在中学里当教师的同学们谈话，他们或她们在夜里做梦的时候，经常都还梦见“赶考”——被考或考人。除“考”以外，简直不知什么是学问。旧式考试考思想，现在考试考记诵。《礼记》有言：“记诵之学，不足为人师。”可是现在能记诵而善于考试的学生，家庭与学校都认为是好学生。稍加活泼而稍富于才能与思想的，反而考得不好。而社会、家庭与学校，根本就抛弃诱导天才等的教育原理，很轻易地认为是坏学生——太保或太妹。所以这些不“太”而也被汰的青少年们，率性就抗拒到底，一路地汰下去了。家长期望于现在好学校的心理是如此，所谓好学校的校风恰也合于家长和社会的要求，你能说是有错吗？其谁之过欤！其谁之过欤！

十四、尊师重道

中国传统文化的师道

现行三级学校的敬师

谁能遣此的大专学风

家庭与社会的尊师

师道的自尊

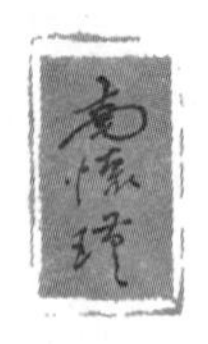

尊师重道，是人类文明的共通德性，无论中外都是一样，只有礼仪形式上的不同，并无精神上的差别。但在五千年来中国文化的传统中，“师道”的尊严，尊师重道的精神和礼仪上的风气，俨然已与“君道”互相对峙，构成“政”、“教”互助的特质。只要读过历史（不是现在学校里的历史课本），懂得中国文化史的人，都是了然于心，不待细说的。即使没有读过书，没有受过教育的人，在文化传统的熏染中，也都知道尊师的重要。尤其在过去的民间社会，不读书，不进学校，自由从师学习百工技艺为专业的人，终其一生而尊师重道的精神和行为，比起读过书、受过教育的人，有过之而无不及。至于习武的人，对于尊师，更加重视。但在二十世纪的这个时代中，数十年间，师之不尊，道之不行，其所由来者久矣。因此政府与社会，苦心复兴中国文化，强调尊师重道的行谊，每逢一年一度的教师节，特别提倡敬师的运动，实在是煞费苦心。

但从另一角度来看，隳堕才需复兴，颓废才需提倡。正因为中国文化的优良精神，经过几十年来的蜕变、没落，产生了许许多多的弊病，所以才需复兴和提倡。即如尊师重道一事来说，也正因为感慨于“师道”的沦夷，因此才重新号召。老子所谓“六亲不和有孝慈”，也便是这个道理的反映。

可是多少年来，无论在教育界、在社会间，尊师重道的风气，一经提倡和号召，便已确实改进了吗？事实并不如此。相反地，如果深入观察，反而看到现代师生之间的彼此排挤、倾轧、嫉恨、轻视，甚之互相谩骂，处处皆是。由此可知一种优良的礼仪风气，绝非制度或规定所能养成，它的基本根柢，仍然有赖于教育和学风的改正，以及整个社会风气和全民思想的培植。

中国传统文化的师道

现在让我们先来回顾一下历史文化上有关“师道”的情形，使大家在观念上能够“温故而知新”，可以得到惩前毖后的准确方向。在我们的传统历史上，师道的尊严，自三代开始，就与“君”、“亲”并行。所谓“作之君，作之亲”，同时也便要“作之师”的。

自东周以后，有孔子的精神和人格的感召，万世师表的典范和尊师重道的观念，便与“君道”分途而截然独立，但与“亲”道仍然是互相呼应。秦、汉以后的“传经”和重视师承的风气，虽然渐已趋向狭小而发生流弊，但这种优良传统精神的存在，依然有其特殊的价值。

魏晋南北朝之间，师道渐趋隳堕，但因新兴佛教重视师承的作风，以及政治体制上确立了王者尊师的礼仪，“师道”为尊的精神又走向一个新的境界。

到了中唐以后，韩愈写了《师说》与《原道》，为尊师重道和重视师儒的风气又添了一番新的景象。由于儒、佛两家学风的影响，到了宋代，理学兴起，撮取《礼记》和丛林

制度的精神，新的尊师重道的面目便从此确立。

如果肯读一下“四朝（宋、元、明、清）学案”和“五种遗规”等书，资料俱在，在此不必多说，因此自明、清以后，各阶层社会重视“师道”的观念普遍流行。过去许多家庭的中堂，供奉了一个宗教式的牌位，上写“天、地、君、亲、师”五个大字，也便由此而兴。所谓“一日从师，终身为父”乃至尊重“一字之师”的美德，也便为大家所乐道。民间社会和宗教上“师父”的称呼，以及帝王们在朝廷上对“师傅”的恭敬，也由此而成为当然的风俗。

可是，所说的这些故实，还只是历史上的精神形式。事实上，自宋、明以后，“师道”的尊严，并非只是对学生们的要求，实际上是师生互相尊重的礼仪。固然“一日从师，终身为父”是对学生们的教诫，但是老师对于受业的学生，亲情爱护，以及对他的学术思想乃至行为上，都需负起毕生的责任。学生对于老师，固然视之如父，但是老师对于学生，在中国礼仪的传统习惯上，向来都很谦抑，犹如兄弟的相处。所以古来称学生为“弟子”，就有弟兄的意义。老师写信给学生，除了“贤契”等文绉绉的称呼以外，有时多以“仁弟”或“老弟”相称；老师自己的具名之上，不是加上“友生”，便是“愚兄”，表示互相的尊重。

即使学生中了状元，做了宰相，而在乡的教师始终是青毡一席，没有博得功名，终老于白屋；一旦状元或宰相的学生衣锦回乡，仍然还是执礼甚恭，犹如在学之日。

由此影响所及，从前官场的仪注，对于门生故吏之间的感情，也如师生一样。便是由于这种学风而来。

三十年前，我的一位老同学朱铎民老先生，出任于某省厅长以后，偶然回乡，马上赶到老师坟上去拜奠一番，还为老师的家属购买了几亩田地，以供祭扫，因此大家交口称誉，传为美谈，认为他是学生的模范。现在他已年逾八十，我们有时谈到新知旧学时，真有无限的感慨。

当然，我说的这些，也许诸位同学认为是站在师长一面而言，并没有说出中国文化史上师生彼此负责的事实。现在为了节省时间，只举出宋、明以来历史上两三个故事，便可代表了这个观念。

至于在学理上，所有文化史的实际资料，足可作一长篇论文的充实内容，但需要诸位自己去读书寻找，让我卖个关子，以免大家太偷懒，养成依赖性。第一个故事，就是宋代忠臣文天祥被陷在元朝的时候，他的学生怕他受不了威胁利诱，特别作了一篇祭文，连带祭品偷偷地送给他。他看了一笑，带信告诉学生们放心，他绝不会不忠而投降。第二个故事，我们都知道明代的忠臣方孝孺，不肯为明成祖的篡位写诏书，惹得成祖要杀他十族。古代最重的刑戮是灭九族，明成祖对方孝孺的灭十族，便是加上一个师族。这岂不是表示中国文化“师道”的尊严和师生之间彼此负责任的事实吗？第三个故事便是清代的年羹尧，相传他的禀赋非常恶劣，后来是靠一位明师教导出来而文成武就的。后来，他对请来教导子女的“西席”老师，也就特别恭敬、重视，优待异常。但是他在老师教书的地方，却贴了一副对联：“不敬师尊，天诛地灭。误人子弟，男盗女娼。”这副对子，虽然很粗鄙，但也正是对教育和师生之间的互相责任上，下了一个严谨的忠告。

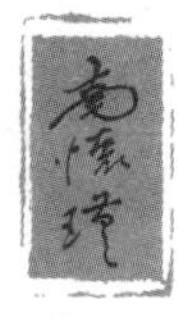

现行三级学校的敬师

有关过去的风气，暂时讲到这里为止。最近二十多年来，我们所看到尊师重道的精神和风气，只有在国民小学的学生们还可以保存这些气息。一开始进入中学，就渐渐地淡了，到了大学，就只有一些影子了，甚之，连影子也看不见了。至于一般的社会和家庭，有时提到老师一词，等于代表了讥笑和讽刺的笑料名词。在小学生们的纯洁心灵中，大体说来，对于好的老师的尊敬，真有神圣庄严之感。看到老师就要敬礼，同时又一半胆怯、一半含羞亲切地喊一声老师。可是一到初中，学生的年龄长大了，老师的尊严也走样了——当然这与现行教育的学校制度是有密切的关系。于是对于尊师的态度，比起在小学时代，已经大大地打了折扣。再到了高中时代，比起初中，又减少到一半以上。如果一考进了大学，学生与师长之间，就几同陌路之人。甚之，离开课堂以外，在任何地方碰见了师长，还肯向老师翘翘下巴（不是点头），举举手打个招呼，老师们应该有受宠若惊之感。倘使亲切地喊一声“老师”，真会使你感觉到感激涕零、不胜感动呢！大学毕业以后，在别处遇见了老师，还能礼貌地招呼一声，那会使你觉得其人可以“德配尧舜，道贯先贤”了呢！这种情形，是现代中国人和教育界心照不宣、显而易见的事实。我们由此可知，在现行教育制度的学风之下，教育程度愈高，知识愈丰富的，尊师重道的精神也愈减少。甚之，低到于零。唯有在军事学校的教育方面，大体上还能保留了固有文化的精神和袍泽情深的情感。

讲到这里，使我想到了有关敬师的一个滑稽事实，稍作

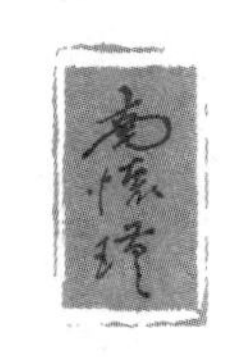

报告，希望有心复兴文化和有心整顿教育风气的人，多从正反双方注意研究。但我要声明，这个事实的存在，应该已有三四年的历史了，因为在三四年前，我的家里还有三级学校的学生，所以看得比较清楚，现在我家已经只有大专学生的经验，恐怕时过境迁，也许是已落伍了。况且我又不喜欢多方接触，更不肯深入社会去作资料调查，只好据实报告一番而已。

大家都知道，我们过去几十年前尊师的风气，最注重的是一年三节，端阳、中秋和过年的时节，一定要备礼物，如无礼物也要去向老师拜年、拜节。现在时代变了，当然需要革除旧习。但在这十多年来，每逢教师节的时候，凡在国民小学里的学生，一定由“家长会”发给一个红包带回家，上面注明是“敬师金”。虽然说这种做法产生的流弊也太多了，但在我个人的观感，倒可引用孔子的一句话来说：“赐也！尔爱其羊，我爱其礼。”当我的孩子们带回了“敬师金”的红包时，我问要装多少钱？这就产生了两个不同的问题了。第一，因此可以看出一个级任教师的好坏。第二，因此可以看出孩子们的心理、禀赋的个性。当时孩子们的回答说：“起码的规定需要十元，但是我们的老师太好，而且我们总要比同学们多一点，才有面子。”于是我就故意先与他们讨价还价地渐渐加上去，最后才告诉他们尊师重道的道理，宁可自己节省一点，对于“敬师金”应该比较从丰为是。相反的，也有孩子说：“我的可以少一点，不必那么多。因为‘敬师金’是由老师们集中起来分的，好坏的老师都一样，每个人分不到多少钱。并且我的老师有补习（当时小学的老

师另有补习的风气)，一个月可以收入六七千元，或多到八九千元左右。家里的用具比我们的寒舍好多了。爸，你为什么要教大学，还不如去教小学多好呢!”这番话，使我听呆了。第一个感觉，就是这一代的教育怎么办?他们的小小心灵上，已经感觉到只有钱和物质的需要，难怪人心愈来愈要趋向现实。当时除了多方讲解、善为教导以外，同时又得到一个机会去拜访那位老师。我先请教他“贵姓”?他说:“我贵姓×。”跟着再请教他“府上哪里”?他说:“我府上××”!因此等等，我只有鞠躬如也，唯唯告退!这个孩子的学业，后来就蒙受损失很大。过了几年，听说他又混到了某大学毕业，现在又全家出国去了。真是不胜感慨。

孩子们读到了中学以后，到了教师节时，有关“敬师金”的事，就一年比一年地淡薄下去，据说在缴学费时，已经加进去了(当然很有限)。读到了高中，好像是“云淡风轻近午天”，大有烟消云散之慨。一到了大学，不要说根本没有这回事，就连起码的礼貌也没有影子了，那只有“月落乌啼霜满天，江枫渔火对愁眠”的境界了。如果碰到一个真正清寒的大学教授，当他“儿啼于前，妻号于室”的时候，那真会使人回忆起古人的“命薄不如趁早死，家贫无奈做先生”的苦涩滋味。

当然，这还只站在一面的观点来讲做老师的苦经。如果另从学生和家长一面来讲，据我所知，当时有些小学生带回了“敬师金”的红包回家时，根本不敢拿出来跟父母家人去说，小小的心灵上，只有偷偷地在哭泣。因为他们的家境实在太贫寒，每天要十元钱买菜都不可得，哪里能够拿得出

“敬师金”呢？可是，有的学校，有的老师，看到学生不交付“敬师金”，就另眼相看，甚之，不堪其苦。你说，这又怎么办呢？后来教育当局也许知道了这个弊病，好像下令稍稍改变了这个办法。但是，持平之道，毕竟太难做到，究竟敬师或不敬师要如何做才好，利弊也各有千秋，谁能做到真正得其“中和”而“天地位焉，万物育焉”呢？

谁能遣此的大专学风

好了，闲话少说。现在我们回转来检讨一下大专学校的教授、老师们何以会受如此的冷落，这也许与现行的教育制度和学风有绝对的关系。理由和理论太多，一时讲不完，最方便、最好的办法，也可引用一两个故事来说明事实。第一个故事是在清朝末年稗官野史上的记载，当年张之洞在湖北开始创办洋学堂的时候，聘请了好多老师宿儒来当“教习”（等于现在的教授）。张之洞第一次对“教习”们讲话，其中便有语重心长的两句笑话，他的意思是说：今天请到的“教习”老师们，都是“衮衮诸公”，希望大家能够尽心尽力地教好学生。如果不能教好学生，便有负初心，那么，只好是“诸公滚滚”了！由于这个故事，使我们联想到旧式社会的书院或家塾里请一西席老师的时候，无论家长或代表学生和家长的是什么地位，都需不厌其烦地亲自依礼去请老师。因为这种礼貌是表示他代表学生们来请老师，不是给恩赏饭吃。所以像张之洞请来的“衮衮诸公”，也便在这种方式之下挽请到的。如果使他一片苦心失了望，那当然只有“诸公滚滚”了！

可是这种尊师重道的风气，现在变得没有影子，不管公立的大专学校或私立的大专学校，只要能够聘请你当一位老师，不但是天大的面子，而且对你真有恩同再造的衣食父母之慨。如果你不听话，当然就“诸公滚滚”了！所以当一纸聘书交付邮局寄到你家里来的时候，应该犹如接捧古代皇帝的诏书一样，喜从天降。身为学校当局的负责人，还有谁肯保持中国文化的礼仪，公然地为学生亲自做代表或派学校的大员，执礼甚恭地送聘书呢？尤其有一类私立的某些专校，由一两个略识之乎的老板们唯利是图地创办起来，请老师是当作赏饭吃，那种踌躇满志、睥睨一切的神气，实在可使书生们不寒而栗。有的同学们出去任教，碰到这种情形回来和我谈起。我说：老弟们，学问的养成，气节最要紧。做工、当小贩的职业，与你的学问并无关系。甚之，“多能鄙事”，更可接近孔圣的心传，何必一定要做教师呢？何况事实上，一校、一院、一系都画满了圈圈，如果夤缘不到，不能得到学校老板的青睐，纵然“才高八斗，学富五车”，照样是投闲置散，无法上得讲台。加以社会安定，一切上轨道，有制度，论资历和年资的限制，又正好作为阻挡的藉口。稍有才具的人，不免多有些意气，于是，讨厌意气而不欣赏气节，便从此打入了冷宫。或者你教学教得太好，碰到老板们不高兴，同事的妒忌，就明褒暗贬地从此不给你开课。由于这些道理，就引出我的第二个故事。这个故事，还只有两三年的历史，是我亲身所经历的。有一天下大雨，我与某某名经济学者（因未征求同意，必须保留姓名）一起候车上课，大家已经半身雨水，不堪其苦了。我说：“唉！现在真是工商业

的时代了，能够讲礼仪、尊重师道的，也只有在军事学校方面，还能保持礼貌。他们接教授，有专车，迎送都到家门，始终礼遇不衰。除此以外，其余不足观也已。”这位学者听了以后，便对我说：“老兄，说你不懂经济，一点不错。你要知道，现在的学校制度，哪里是工商业的行为？其实都是官气。你应该知道，工商业的要点是顾客至上，学生固然是顾客，当老师的也是顾客啊！谁叫你不去办个学校，也请我这个顾客上去讲讲课呢！”

家庭与社会的尊师

除了因为学校的制度而形成“师道”沦夷的因素以外，社会和家庭教育方面也逐渐地丧失了传统文化的精神，并不真正重视“师道”。因此与学校制度互为因果，便使五千年来的礼仪之风，几乎不绝如缕，这也便是最大的原因。过去的尊师，因为由于某一个人的“传道、授业、解惑”之关系，所以对于传授精神生命学问的老师，终身视之如父。现在是以母校为标榜，一切的荣誉归之于学校，教师们只是学校中的一分子。纵然有好的老师，一切荣誉也只有归之于学校，与个人无涉。而且工商业影响整个时代，老师们按月领薪水、拿钟点费，等同工商业的行为，所谓上课也者，也便是出卖知识而已。品行和人格的教导，当然由训导处去负责，何必多事！教室和讲台上的蛛丝尘渍，自有总务处来管理，不必劳心。教师们没有固定的休息室，没有固定的茶水供应，那是活该，又有谁来管你？下了课，赶快要去赶交通车，学生要想在课外请教，实在没有时间，也没有地方。交

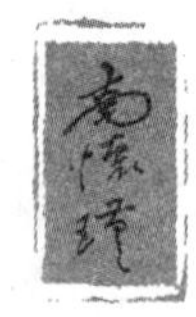

通车脱了班，自掏腰包划不来，这个月的生活预算怎么办？至于负责德育的训导，以及具有“内相”之才的总务，是否真能做到与负责智育的教务互为一体，那也只有天晓得。其实，办总务和管训导的，根本各自为政，谁也没有做到，谁也没有责任。因此有许多学生们一离开校门，“怨声载道，有口皆悲”，更影响了家庭和社会对于学校的轻视。学店观念和只要有学历的思想便普遍流行，谁还管你老师的好不好呢？结果弄得对于个人尊师重道的风气沦丧殆尽，对于学校的情感和信赖，也只是若存若亡而已。

讲到家庭教育，又使我联想起几个学生在外面当家教的情形。综合他们回来谈话的结果，便会使人想到现在的家庭教育需要重整，更有重于学校的隐忧。旧式的社会，家教便是教师，师严而从道尊。现在的请家教，是由于社会的风气和有些家长们盲从升学主义的促使。大致说来，可以把他们分为三类。第一类：家长们也是受过教育的知识分子，不过都是现代人，学问思想像我们一样，大多都在不中不西、不古不今的夹缝中。望子成龙心切，更有崇拜自然科学的时髦感，自己不管子女的天才和本质如何，只是要求老师努力向这一方向去教导孩子，有时候自己还顺便扮演一下旁听学生兼督学，往往弄得家教老师吃不消地知难而退。第二类：家长们，尤其是主妇们，上了牌桌就六亲不认，孩子们学业的好坏——不是学业，只管考试，一切责之于家教的老师。学生们考不好，老师便是冤家。学生们考得好，就认为“这个家伙”还不错。第三类：惨了！学时髦，请家教，根本就不知道为什么。家教的老师教完了，还凭特殊的身份，克扣报

酬。有一次，一位女同学当家教，碰上了这桩事。这位女同学小人气大，并不管学生的家长是什么职位和身份，准备到他办公室去要。双方是否都有错，很难说。但的确有一二人还有要不到的呢！我们试想，“家道”如此，“师道”如此，中国文化怎么办？

师道的自尊

讲了半天尊师重道的闲话，看来好像都是学校、社会、家庭的不对，老师们都是绝对的对似的。其实，人靠平地才站起来，同时也正因为有了平地才使人跌倒的！现在教育的进步和教育的普及，比较三十年前，大有天渊之别。但是我们的国家，我们的文化，又加上正在一个古今中外的回漩中求复兴，求建设。所以忘记了旧的人格修养的教育思想和教育精神是“学问”，新的学识和技能的教育是“知识”。因此观念的分野，混淆不清，所以教育的思想和规定就乱了章法。同时人文学科的重要和科学新知识的重要，更没有完全分别确定其尊崇的地位，因此教育上的科目和课程，一味乱排，轻重倒置。又加上教育的来源不同，倾倒欧洲派和美国派的学人意见互相冲突，因此更使中国文化徒具口号，并无实质的内义可循。这还是对于教育前提的荦荦大者而言。其中的前因后果，各个存有许多关键，一时言之不尽。至于从事教育事业的老师人才，扪心自问，是否真为教育而教育，这是一个很大的问题。虽然多少年来，自有专门培养教育师资的学校和学系，但是有关培养师资的教育之教育的问题也还不少。而且最大的原因，从事教育的已经有明文规定成为

公教人员，因此做教师的是否都具有一片赤心为国家、为民族教育子弟而任教，或者仅为个人生活的需要而谋求任教为职业的，更须大加反省。

中国文化过去的明训是“学而优则仕”。但是过去的学而优不仕，而专为教师的真也不少。现在呢？一切受西方文化表层的影响，学而优则商，商而不优则仕，仕而不优则教学的，实在是一个罪过的思想。我也亲自听人说过，“有什么关系，谋不到好职业，去教教书总可以吧！”你想，他有没有学问不要说，但以此存心而从事教育，其后果不问可知矣。而且教育界的老师原来如此，又怎样能够使人尊敬他为清高或高尚的职业呢？此外，无论在大小学教师之中，有的教科学的，是几十年前陈年的知识，丝毫不图长进。有新书，有新知，便藏起来，不让学生们知道。有的教文、法的，把图书馆里好的参考书借回家后，有去无回，束之高阁。上课堂，大骂天下人、天下事一番，错的都是别人，不是自己，自我标榜学贯中西，才无今古，余子碌碌，都是混蛋，可惜你们与人们不懂而已。骂完了，已经去了三分之一的上课时间，然后查问一番，略讲一节，训诫几句，使学生们为了学分而忍气吞声地鞠躬如也，敢怒而不敢言。比较好一点的，写黑板，宣读一下自己的著作，上课、下课，如此而已。也许是时代的病态，形成了人们多多少少都有些肝火太旺，或者是心理变态的毛病。但是以此而言教育，那就要值得我们好好地反省深思了！如果骂人的教育需要开课，这倒是很好的榜样。否则，夫子的“温、良、恭、俭、让”，以及“望之俨然，即之也温”的教育态度，必须要努力去学

习做到才好。非常抱歉，我讲这番话的动机，绝对不存有任何其他意见。只是蒿目时艰，为了国家民族培养后一代青年们着想，所以偶尔发出伤时的感慨。希望大家能够真诚坦率地在“孔圣”面前由衷地忏悔改进。禅学里有一句话说：“要说话亦错，不说话亦错。”现在想来，这也算是我的口过。知我罪我，那就无法计及了。

十五、武侠小说与社会心理教育

中国小说发展史的思想背景

武侠在历史文化中的分量

侠义小说的兴起

抗战期间的武侠小说

近年武侠小说的演变

阅读武侠小说风靡一时

武侠小说写作的泛滥

武侠与社会教育

从文化的立场来说，学术思想为整个文化的中心，文学是文化的骨干。而包括在文学范围内的小说，又是人文思想和文学境界互相结合的前趋。如果从小说的立场来看历史，全部人类历史，就是一部大小说。历史上的人名和地名，都是真的，但有许多事实，大多数已经走了样，甚之，完全变质。而小说中人名和地名，大多数是假托的，可是那些故事的内容，却几乎都是真的。只不过再经文人的手笔，加以渲染剪裁而已。只有幻想小说，完全是虚无缥缈的无稽之谈。但是幻想也是人们心理行为的呈现，而反映出一个时代或某一地区、某一环境中的人们思想和情绪。而且它对于社会思想的向背和心理思想的正反，都有绝对的影响。尽管有些自命为正人君子的读书人反对看小说，甚或嫉之如仇，但他的思想和情绪，在不知不觉中早已受到小说的影响。因为小说会自然地变成戏剧或民俗故事，往往在无形中影响了各阶层的心理。

中国小说发展史的思想背景

中国小说史发展的渊源相当久远。由上古的神话而至于班固著《汉书·艺文志》的观念，已经正式建立了它在文化

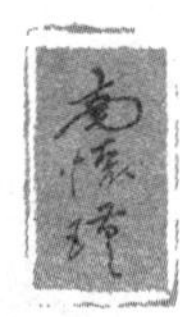

史上的分量。《汉书·艺文志》说："小说家者流，盖出于稗官，街谈巷语，道听途说者之所造也。孔子曰：虽小道，必有可观者焉。致远恐泥，是以君子弗为也。然亦弗灭也。闾里小知者之所及，亦使缀而不忘。如或一言可采，此亦刍荛狂夫之议也。"到了六朝，神怪小说大兴，正好反映出汉末魏、晋、南北朝几百年来的思想，是玄学和宗教性的神奇传说相互结合的时代。到了唐代，传奇小说大行，由天人之间的玄秘神奇而变为人物的传奇，提高了人的价值与功能，显示唐人文化的质朴之处，而且充满禅与道的气息。宋代的小说承接唐人的传奇而变为志怪，反映两宋历史社会的不安定，只好作无可奈何的寄托。但因此而形成了元、明以后话本与历史演义的先声。如明代罗贯中以讲史为题材的名著《三国演义》、《残唐五代史演义传》等。还有以描写社会现状与社会人物的心理为题材的名著，如施耐庵的《水浒传》。又以神怪妖魔为背景的《四游记》、《八仙传》、《西游记》等，都风行一时，成为传世之作。这也表现出明代思想的不稳定和逃避现实的状况。到了清代，言情小说与讽刺小说兴起。前者如《红楼梦》等，后者如《儒林外史》以及清末民初的《二十年目睹之怪现状》、《官场现形记》等，大致都代表了异族统治下思想和心理的假托与发泄。此外，有关吃喝玩乐的狎邪小说，如《花月痕》、《青楼梦》等，则开启了民国初年鸳鸯蝴蝶派的哀情小说，如《玉梨魂》、《雪鸿泪史》、《芸兰日记》，乃至如苏曼殊的《断鸿零雁记》等的风格，这都是反映时代社会的病态，显示悲凉怆痛的情调。总之，清代文学承接唐、宋、元、明之后，在小说方面形成多方的流

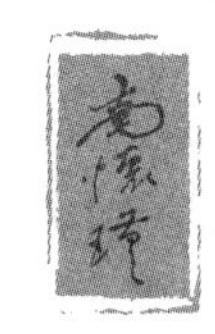

派，而且较为细腻。这些有关中国过去小说发展史的大要，并不涉及近代和现代小说史的种种，只是借此略述小说所代表历史文化的时代背景与社会心理的演变概要。而本文要讲的只是着重有关武侠小说发展史的前因和后果。

武侠在历史文化中的分量

中国武侠，正式见于传记的，是从司马迁所著的《史记·游侠列传》开始。但是司马迁在《游侠列传》中，首先引用韩非子的话："儒以文乱法，侠以武犯禁。"从法家的观点看来，"二者皆讥"。也就是说，韩非对于儒与侠两种人，都有讥评而极不同意。但是单以侠义的精神和侠义道的史实来看，所谓侠义的作风，实渊源于儒墨两家思想的互相结合，尤其偏重于墨家的精神，而侠义道发展的事实，却上承战国时代的六国养士，下接隋、唐的选举制度与明、清以后的特殊社会的形式。但司马迁最初所称的"游侠"，并非纯粹以个人的尚武见长。以个人的武技与侠义合并而成为后世的"武侠"，应当说是《史记》中"刺客列传"的作风与"游侠"精神互相结合的事迹。唐、宋以后，由于禅与道的影响，中国文化的发展处处进入艺术的境界，而不再是秦、汉时代的情形。所以对于文学的造诣境界，便称之为"文艺"；对于武功技击造诣的境界，便称之为"武艺"。明、清以后，文有文状元，武也有武状元、武进士、武举人、武秀才等科第。而且民间迷信科学，甚至有认为文状元是天上的文曲星下凡；武艺超群的武状元，或古代武功高强的大将，也就是武曲星下凡。于是，宋、明以来的历史演义小说，充

满了这种观念，而普遍灌输、影响到社会各阶层。

侠义小说的兴起

纯粹以个人为主角，描写他的武技出神入化，而且有“技而进乎道矣”的造诣；而他们的行为，在个人方面，类似隐士，对国家、社会或帮助正人君子的事业，满怀侠义，或为锄奸惩恶，或为济弱扶危，甚之，劫富济贫，也在所不惜。这是从唐人的传奇小说开始，例如《昆仑奴》、《空空儿》、《聂隐娘》等故事，便是后世武侠小说的先声。到了清朝中叶以后，侠义小说糅合了忠君爱国的忠义之气，把锄奸惩恶、除暴安良和劫富济贫等社会不平的心理混合为一，于是便有文康的《儿女英雄传》、石玉昆的《三侠五义》、俞樾的《七侠五义》，以及《小五义》、《续小五义》、《正续小五义全传》。同时又有《施公案》、《彭公案》、《七剑十三侠》等，相继勃然兴起。但书中描述人物的邪和正以及人情世故的是和非、个人人品行为的善和恶，都是泾渭分明，一目了然。就如我们儿时看戏，看到红脸出场，就知道是关公一样的好人；看到白脸，就会想到和曹操一样的坏人。总之，它的终结，不外是注意正邪善恶的果报。一面藉此而宣泄人人胸中所有的不平之气，一面也以此而敦正人心，并宣扬传统的“善恶到头终有报，只争来早与来迟”的信念。至于描写武功方面，由《儿女英雄传》的真刀真枪和拳来脚往的演变，到了《七剑十三侠》，便变为白光一道，飞剑取人首级于百里之外的境界。看了真使人有神乎其技之感，叹为观止。但也显见小说家笔底的“武艺”，随着历史时代的发展，

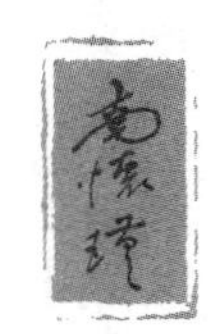

逐渐进入玄妙而神奇的想象意境。倘使从另一角度来看，则正好反映出十九世纪中叶以后，东方“止戈为武”与西方的“尚武好斗”的风气，都是从原始技击和刀兵的运用，而进入神奇的要求。西方文化以物质文明为本，所以便发展为枪炮机械。中国文化是以人文本位和个人的精神为基础，所以便把技击进入以气驭剑或心剑合一的幻想境界。清末义和拳事件，虽然说是清朝宫室上下无知所造成，然而平时深植人心的剑仙侠客与《施公案》、《彭公案》等的小说故事，实在也是重大原因之一。只不过士大夫者流的知识分子讳不自知而已。

抗战期间的武侠小说

精良的艺术是太平盛世以及安定社会中的产品。而宗教、哲学、小说，大体说来，都是历史变乱、社会不安定中的结晶。自民国初年到抗战期间，武侠小说随着印刷的发达风起云涌。阅读武侠小说的风气，也正如西方人阅读侦探小说和科学幻想小说一样的普遍。初期影响最大的，便是向恺然（笔名“平江不肖生”）所著的《江湖奇侠传》。书中的武侠宗师金罗汉和柳迟，以及主要事件“火烧红莲寺”的故事，不但脍炙人口，而且几乎成为家喻户晓的事迹。因此拍成电影，而大受观众的欢迎。甚之，有许多小学生阅读了《江湖奇侠传》就离家出走，入山学道，寻访明师，闹出许多啼笑皆非的笑话。跟着而来的，便有李寿民（笔名“还珠楼主”）所著的长篇《蜀山剑侠传》（又名《峨眉剑侠传》）、《青城十九侠》、《兵书峡》等剑侠小说，都畅销全国而充斥

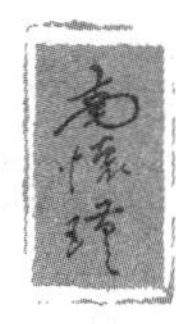

书摊。至于出租武侠小说的行业，也因此应运而兴，赚得大好生意。还珠楼主的小说又长又玄，几乎没有一部完工的著作，但却永远吸引着读者的心理。他以曾经学过道家方术的知识和他游历过许多名山大川的见闻，以及多识虫鱼鸟兽人物等的经验，并脱胎于《神仙传》与《山海经》的幻想，配合他文白相间的笔调，实在使当时的青年人读之即醉心于心灵幻想的雄奇之境，而逃避了现实的苦闷。他如许多学者大师们，也乐此不疲而藉资消遣。就如大家所谓当时的哲学家胡适之先生，据说也是还珠楼主的忠实读者之一（是否属实已无法考证）。但著者以后下落不明，据说他客居上海写小说时，堕落到终日躺在鸦片烟铺上吞云吐雾，挖空心思构想情节，而口授助手来笔录。后来我碰到有些传授道家方术的人，居然说出自得明师真传“离合神光”的道法，实在令人哑然失笑而瞠目不知所对。因为这些法术的名称，实出于还珠楼主小说中的杜撰臆造，结果竟然有人信以为真，岂非不可思议？比较不太过于以神奇相号召，而以中国少林、武当的武术技击加以渲染的，则有曾经学过国术的郑证因所著的《鹰爪王》等，属于较为合理的武侠小说。而郑证因也是多产的武侠小说作家，大受国术界的欣赏。其他还有些后起之秀的武侠小说作家，记忆不全，姑不详说。受到这些武侠小说的影响，抗日战争期间，四川、西藏一带，公然有人号称结合剑仙侠客的地方团队，愿意参加抗战。这种爱国热情的忠义之气，实在值得敬佩，但是他们的见解和常识，却仍然停留在义和拳时代，也是令人啼笑皆非的事。

近年武侠小说的演变

抗战胜利以后，武侠小说逐渐开始转变方向，其时平江不肖生的《江湖奇侠传》已成过去，还珠楼主的《蜀山剑侠传》、郑证因的《鹰爪王》的风靡也渐见减色。介于剑仙侠客之间的故事和完全不适合中国技击的功夫，而只凭臆测构想的作品，渐渐抬头。同时，有人以李自成、张献忠等为对象，影射中共的夺权行为而写成武侠小说。因此在台湾，出租武侠小说的书摊行业，就凭这些小说，使得在风雨飘摇、流离颠沛的人们得以宣泄胸中的满腔块垒。当此之时，有一位多年从事文化事业、出版经验丰富的书侠，他从出版事业的立场而言出版，认为这些武侠小说都将成为过去，于是出资请人写作武侠小说，如《南明侠隐》、《年羹尧新传》等，便由此陆续发行。自此以后，写作武侠小说的作家和从事武侠小说的出版商，以及出租武侠小说的大小书店，便如雨后春笋，应运而兴。由此解决了许多人的全家生活问题，同时也因此使一股醉心武侠小说的迷风吹遍了社会各阶层，乃至家庭主妇、大中小学等学生的脑子里。看武侠小说的风气如此之盛，主要的原因，由于时代与社会心理愈加苦闷的时候，怪、力、乱、神的小说，也愈受人欢迎。何况一般爱情小说、社会小说千篇一律，更无杰出的作品出现，早已使人厌于阅读。

阅读武侠小说风靡一时

但这一二十年来，海内外（包括香港方面）武侠小说的

写作与出版，随便一本便算一卷，精粗好坏，据我所知道和我所看过的，也不下几千本乃至万卷之多。因此我常说笑话：“如果说读书破万卷的话，单以武侠小说而言，我早已超过此限。”此中并无学问，而且乱说乱盖的多如牛毛，但在精研正式书本与深思学问之余，借此换换头脑，休息心灵，遮遮老眼，的确还很有趣。后来发现与我有此同好者，还有许多学者教授、出国留学的学生和若干自命“才高于顶，眼大如箕”的文人名士。至于一般青年学生，以及劳工朋友们，不但人手一本，而且装满两个裤袋，都是全般武侠。有一天，我经过城中公园，看到前任警官学校的校长独自一人坐在树下看书。我心想，他真用功勤读，大概又在研究“四书”或“五经”吧！为了不忍心打断他的读书境界，所以不好招呼，只轻轻地从背后绕过一看，原来也在聚精会神地看武侠小说。这一时代，中国人之所以喜欢看武侠小说，就相当于美国政坛的重要人物借着阅读侦探小说或科学幻想小说以调剂心神。东西双方的这种情况，也可以说都是时代的心理病态。然而侠风所至，还不止此，多少年来，任何大小报纸刊物，如果去掉武侠小说与描写黑社会的小说，则几乎可以使报纸刊物的发行数字直线下降。这股十里刀风，实在有使人不寒而栗之感。

武侠小说写作的泛滥

但是武侠小说的写作题材，经过二十年来的挖掘，的确都成陈腔滥调，而更无上品出现。偷袭《蜀山剑侠传》、《江湖奇侠传》、《鹰爪王》的内容，写光了。继而外搭包情，配

合西洋侦探小说与科学观念的用毒和解毒，以及易容化装，利用物理作用等幻想，也写完了。于是跟着而来的，便是好勇斗狠，帮派复仇，一言不合就拔剑而起，流血五步，在所不惜，或睚眦必报，毫无情理。这种满怀个人恩怨，或即将心理变态的病态武侠，无形中给予青年以极坏的小说教育，关系极大。至于其中不通地理，不明地方风俗，不知历史时代的生活方式的写作，实在不胜枚举。于是华山的绝顶险处可以骑马，而把崇山峻岭的地方描写成为大湖深泽。这些不经之谈，自然都不在话下了。除此以外，还有乱讲佛、道两家的修气炼脉之术，同时又把东洋日本武士道的抽刀拔剑的手法和东洋日本式的打斗拳脚，变成国术的招式。真正中国武功的技击，反而毫无所知。甚至把瑜珈术引用到武功里去，虽然别有精彩之处，但认为这些便是中国的正宗技击武术，那就更为可笑了。目前武侠电影流行，所有舞弄刀枪剑棒的武术技击，一半以上都是日本的武士道手法，在行家眼中看来，回顾一下我们国术界的情形，真有啼笑皆非之感慨！可是这一流的电影不但大受男女老幼的欢迎，而且多少学者教授们也都醉心欣赏，而大为击节赞扬。这不仅是中国文化中“武艺”的悲哀，而且还应该说是中国文化真正衰落的一劫。但是，这些现象，也正表示出人心的沉闷，时代的哀愁，大家在无可奈何之中，只好借此一消胸中块垒，并不在乎中国“武艺”文化的真假和是非了。

武侠与社会教育

武侠小说在今日国内的风气，概如上述。而我们负责文

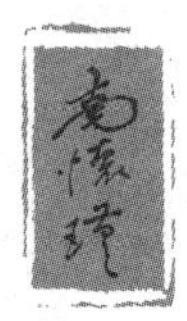

化者不但完全外行，甚至也无法领导。几年以前，一位有关人士曾和我说，应想出一个对此稍加限制的良策才好。因为这种风气，在无形中给予社会青年一种极坏的教育。我说："天下事往往存在着许多矛盾。"教堂的对面开设了"绿灯户"，最高学府的门前，有人大兜看黄色小电影的生意。一面防范管制"太保"、"阿飞"的好勇斗狠，一面大量开放粗著滥作的小说，以及电视上极力播演杀人不眨眼的西方牛仔，以及笨拙万分的摔角镜头，谁又愿意正本清源从事社会教育？何况"智、勇、辩、力"四者，绝非限制所能生效。只有疏导，才是办法。譬如人"因地而倒，因地而起"。如果认为武侠小说影响了青少年的行为，何以不培植写作武侠小说的名家们，多为后一代着想，而灌输一些真正的中国文化，如人伦道德、侠义忠勇等精神和事实，同时再好好研究一下中国文化的"武德"以及真正中国的南北派和其他名家的技击的"武术"呢？禁止之弊，甚于防范。疏导之功，利于无形。小说之功，过于教育。人谋之臧，可以造成良好的风气。好的武侠小说，对于培养国家民族正气的效果，也同样有不可思议的力量。虽说未必尽然，却未必不是当前文化的急务。

十六、老文学和新文艺

公文语体化的历史渊源

白话文和中国文化的命运

新文艺运动中白话的古文

古文的劳苦功高

更上层楼的负担

近来司法界提倡新风气，改用语体文书，一切诉讼文件和法官们的判决书，都要尽量采用语体。这实在是司法上贤明而便民的改革，是值得喝彩的。但因此有些人错以为这是现代六十年来第二次的白话运动。大学里中文系有新文艺思潮和国文教授方法上的争辩，便引起一些学习中文和关心中国文化同学们的彷徨迷惘，莫衷一是地群相征询意见。

公文语体化的历史渊源

关于前一问题，我认为中国三千年来的文化史上，有关政府文书的文章自有文献可徵的，大多数都是用语体来书写的。我国文化史上第一部政治史文献，当然是以《尚书》为首。我们现在来读《尚书》，一般人都认为它是古文。这种所谓古文的观念，应该是对时代距离先后所下的定义。事实上，《尚书》里收集当时历史上的文告或记载史事的资料，大多数都是当时的语体文。即如《周易》一书的卦爻词句，大多数也是当时的语体。秦、汉以后，有关政府法令的文辞，从许多方面来看，多数也是当时的语体。当然不能只以西汉时代贾谊的《过秦论》，或东汉末期诸葛亮的前后《出师表》作标准。即使就把《过秦论》和前后《出师表》来作规格，我觉得其中的文辞语句，有许多地方仍然是采用当时的语体。我们现在叫它是古文，这个“古”字，应该说只是对于历史时代的划分，并非就是亘古不变的定义。在魏、晋以后，文学的风气弥漫，因此公文辞章，的确偏重于骈俪的文学化了，比起汉代，更缺乏普及性。所以到了初唐，由唐高祖李渊开始，便下命令改革公文，不许有太过骈俪的文学辞藻而妨害事实的叙述。后来唐代的文风复古，不但是初唐政治上开其风气之先，事实上也是文运兴替的必然趋势。韩愈的“文起八代之衰”的复古运动，并非如我们现代人心目中的复古，实际上，正是恢复当时读书人——知识分子的文学语体化。当然，在这里需要注意，古代的教育并不普及，所以能够以写作文辞来表达意识思想的，仍然只属于少数读书人的事。宋、元、明、清以来，不但在公文上多数是采用语体化，即使如“四朝学案”中的儒家讲学的记载，也都是采用语体。所谓“语录”的风气，便由中唐的禅宗和宋初的理学家们所开始。并且翻开历史上历代奏议一类的文章，有关政令和事务性的叙述，几乎都用语体来表达，从来没有人认为那些缺乏文学格调的奏议没有历史性的价值。只有在清朝中叶之后，由于少数几位深于文学修养的人做了地方官，遇到有些官司上的判词，便以文学的风趣大玩其花样，如袁枚、郑板桥等人的几件判词。可是此风一长，到了后来绍兴师爷的手里，便积习成规，在刀笔之间，大玩其有笔如刀、精细雕虫的笔墨花样。于是《樊山判牍》一类的文章，便成金科玉律了。不过，这种风气在清朝中兴的时代，已经稍有变革了。民国以来，公文的改革，在有形或无形中，也有过

几个阶段，现在在司法上又正式提出采用语体，虽然说是革新，如果在中国文化精神的立场而言，应该说这正合于中国文化固有精神的复兴运动。

白话文和中国文化的命运

由于前面所讲的历史事实，推演开来，说到后一问题，无论在文学上或文化上，所谓的新文艺运动，我认为大可不必操心，此事不运而动，一代自有一代的必然趋势和结果。例如前面讲过在秦、汉时期的文学和文章，虽然在两千多年以后的现在，好像一仍未变。而事实上，秦文、汉文，已大有不同之处，拿它和春秋战国时代比较，有迥然不同的特点。唐代和宋代的文学文章不同，明、清和近代的文学文章更不同。从文艺上来看，汉代的辞赋，唐代的诗，宋代的词，元代的曲，明代的小说，清代的联语等，任何一个时代，都自然而然地有其新文艺运动的特色。至于在某一时代，因为某一人的提倡使文风丕变，乃至使文运改变了方向，其实是他在那个时间、空间恰好当时当位，便很幸运地成为推动这个波澜的焦点。事实上，这种风气，到了某一时期，即使不由某一人的推动，它在事前或当时，也早已自然而然地形成了风气，势在必变而事在当变了。例如唐代的韩愈，现代的胡适，也都是适逢其会的人物。老一辈的朋友中，有人大骂胡适，深恶痛绝其提倡白话文，认为他是千古罪人。事实上，平心而论，当五四运动的先后时期，即使胡适不提倡白话文，也必然会有人要出来提倡的。就是没有某一个人出来提倡，白话文的替代古文，也会自然不运而动

的。胡适先生却在当时自我标榜了龚定盦“但开风气不为师”的一句话，真是适得风云际会，相当地“幸致”而已。

五四运动在二十世纪的中国文化史上，功过很难说。只就提倡白话文的运动来讲，对于六十年来的现代，功过也无法衡量。至少，因为白话文的提倡，中国的教育因此而更容易普及，一般国民的知识水准因此而提高。但是五千年来的中国传统文化，却因此有被拦腰截断的危机。我们追溯六十年前，所谓五千年来中国文化的遗产，都蕴藏在古典的书籍中。这些古典书籍，都用古文写作的。后来的青年，从白话教育入手的，对于古籍中的古文没有基本的修养，不但自己不会写作那些文章，根本就看不懂这些古籍，因此而奢谈中国文化，问题当然就不简单了。于是，有些爱护中国文化之士，以卫道者的精神，极力提倡读古书，写古文，憧憬着旧日的读书方法和旧式的读书趣味。但是历史犹如东流的逝水，一去总不回头，虽然这些卫道者其心可敬，其志可嘉，到底不能挽狂澜于既倒，反而招来许多无谓的困惑。曾经有一位青年同学对我说：“历史已经走向电脑时代，有人可以专用注音符号替代文字来表达语言和意识思想，居然还有人要复古提倡古文，真是不可思议。打字机的功用愈来愈发达，居然有人还要拼命地提倡写毛笔字，真是不可想象。”当时我听了也有啼笑皆非之感，便说：“原子能的威力可以消灭人类于无形，居然还有许多人要求做人，岂非更是匪夷所思吗？世事都在对立矛盾中交织成为人文文化的历史，老弟台既不必过于愤慨老前辈的忧伤，老朋友们也大可不必为后一辈叹息。”

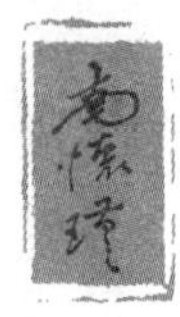

新文艺运动中白话的古文

我们都知道白话文的新文艺运动，已经推行了五六十年，它的效果已如前所说，但是它的价值需另当别论了。当时大家需要推行白话文，大半的原因，是受到西方文化东来的影响。六十年前，鉴于西方各国的富强康乐和坚甲利兵的威势，于是晕头转向西方去学习科学的方法和民主的制度。穷根究底，认为他们教育与知识的普及，是靠着语言和文字一体的作用，同时回顾我们当时的民智闭塞，风气不开，也正坐此病，所以便提倡了白话。但是大家都忽略了一个非常严重的问题，那就是任何一个民族，任何一个社会，语言总会跟着时代而变更的。甚之，语音也有因时代而变革的。依中国文化的习惯来说，三十年算作一世。语言往往经过三十年的一代而有所变动。因此西方各国的文字和语言合一的学风，便在语言和文学历代变革中产生了重大的问题。我们细心研究，便可看出西方各国的文化书籍，过了一二百年的文章，大多数就非专家看不懂了。

同样的，我们古代的白话文章，如元、明之间用白话文所写的小说像《三国演义》、《水浒传》、《西游记》、《金瓶梅》，以及清代的《红楼梦》等书，在现代青少年看来，完全是白话中的古文了。我们只要拿出五六十年前的报章杂志来对照一下，当时人所写的语体文、白话文，也早已生硬地成为现代的古文了。一代白话文大师胡适先生的早期作品，何尝能够外于此例？反过来说，我们再看一看现代青少年们的白话文，甚之，二十多岁刚从大专毕业去当教师的，亲自研究一下更下一代的白话文，如不拍案惊奇，摇头叹息，那

才真是奇怪呢。至于现代汗牛充栋新文艺的著作中，夹杂意识流和存在主义的文学作品，有的超越冥想，比禅的文字更难懂，那也是司空见惯的常事。总之，旧的被推翻了，新的文艺毫无基础，铲平了五千年来的基石，想凭空摸索去建立空中楼阁，实在需要仔细思量，慎重考虑。安知后之视今，不犹今之视昔呢?

古文的劳苦功高

中华民族的文字结构，我们是值得自豪的。用中国文字所构成的古文学，也是值得自夸的。我们姑且不从“六书”和训诂等来说中国的文字和文章的价值，首先应当了解我们祖先的文化精神，在任何方面，都是寓繁于简的。上古的文字，大多以象形开始，同时又需要以最简单的动作，把它雕刻在兽骨或竹简上面，因此更需要言简而含义多方，以便于书刻。由于这种文化精神随着时代的扩展，便构成了我们所谓的古文体裁。更明白一点地说，由于这种古文体裁的文学，便使文字和语言完全分开，同时也使文学词章超然独立在时间、空间之外，因此，保留了五千年的文化思想。先人与后世的意识，完全不受时代环境的变革而有所阻碍难通。换言之，依照过去旧式教授文字文学的方法，只要真能教、真能懂的，不过花费青少年时代一二年的时间，便学会了这种写作文章而统率各种语意的做法，然后终生用之不尽，取之不竭。当然，这种教学方法，势必要包括小学的“六书”和“训诂”等的方法。如果硬要把“训诂”和小学“六书”视为毕生学无止境的课题，或者像现在一样，到了大学或研

究所博士班里才开始研究，那就很难说了。至少，纯粹从旧式教育来讲，这并不完全是在浪费青年宝贵的光阴。了解了这个道理，我们便可知道中国五千年来文化遗产的古典书籍，数目并不太多。中国字典包括的字数也不多。而且自古以来的学者，如果不做文字学的专家，真能认识了两三千个字，便足够应用发挥而有余了。懂了中国文字的运用以后，就可了解古文的一两个字便包括多方的意思。如用现代的用语来解释，或许要用十多个字才能说得清楚。例如我最近答应翻译《周易》一书为白话文，当我着手工作以后，才后悔自寻苦恼。因为我看《周易》卦爻的词句，本来都是语体，非常明白，若要把它翻译成现代话，那可真够麻烦了，有时候一字要变成好几个字的句子，而且还要加以解释，即使如此，也可能还不够明白。由此联想到现代出版的书籍，几乎有盖古之多，好像真是知识的爆发似的，从另一方面看，也可以说只是文化退化的贫乏现象而已。

更上层楼的负担

可是话说回来，再进一步的新文艺运动是必须的吗？我倒认为是极须的，不过，不能弄错方向就是了。我们现在需要的是“温故知新”，如何整理五千年文化的遗产，如何吸收西方文化的精英而融会贯通，并发扬光大。只以文学来说，我们到目前为止，就没有办法创作一种文体，足以概括古今而永垂式范的。老实说，所有专心一致搞新文艺运动的，大体上都和我们一样，不是博古通今之士，甚之，连传统文化遗产的边缘都还未摸着。只知随着时代的潮流，漂流

在大西洋与太平洋的文化边缘，如“海上仙山，可望而不可即”而已。再新的新文艺，必须是真正切合中国文化的新文艺，那恐怕不是目前所搞的新文艺运动所能负的艰巨大任。

当我在说这些观点的时候，恰好看到（一九七一年）十月一日《联合报》第三版上登载了一篇专访，报道国内数学界的学者专家们正发起一项“科学中文化”的运动，他们已开始用中文写数学的教科书，期以十年有成，达到“科学在中国文化中生根”的目的。看了以后，情不自禁地对他们肃然起敬。这一作为，才真是中华民族、中国文化的重要工作。我们闹了几十年的科学，到今天才开始中文化，比起日本虽然已迟了几十年，但到底是我们学术教育界的一大觉醒。迎头赶上，也许胜过别人。但我希望其他如医学、天文、物理等学科，应该也会如“风行草偃”，慢慢地跟踪而起。可是其中最困难的前奏，恐怕还是再新的新文艺运动吧！

十七、人性与人欲

- 儒家学说中的人性善恶观
- 孟子与告子的论辩
- 荀子的性恶说
- 扬雄的善恶混杂说
- 王阳明的见地
- 界说不清的症结
- 希腊哲学对人性的知见
- 西方宗教文化的人性问题
- 有人认为欲非恶
- 人欲与天理说
- 儒道两家共通的观念
- 大乘佛学的原始人性本净论
- 隋唐以后佛学与儒道的互注
- 欲非恶与恶之前驱

儒家学说中的人性善恶观

什么是人性？原始的人性，究竟是善的，或是恶的？人欲是否就是罪恶？这都是中西哲学上的大问题，也是人类思想史上几千年的悬案。

中国哲学史上关于人性善恶的争论，已经二千余年，初由孟子特别提出“性善”说，连带批判告子论“性无善恶”的观念，稍后又有荀子的“性恶”说，与性善的观念恰恰相反，于是便成为思想界争辩的论据。再后，由于佛学的传入中国，谈心说性便成为哲学辩论的中心。宋、明的儒者——理学家们，内在接受佛家、道家的思想，于是人性的善恶问题，也就成为理学论据的要义。大体说来，理学家们大多都是秉承孟子的性善说，认为“人之初，性本善”，人之所以为恶，都是后天的习性所养成，后天的习性和人欲又有密切的关系，因此要反省克念，去尽人欲，使天理流行，才能恢复人性本来善良的面目。

孟子与告子的论辩

孟子提出“性善”论据的重点，认为“恻隐之心，人皆有之。羞恶之心，人皆有之。恭敬之心，人皆有之。是非之心，人皆有之”便是人性本自良善的有力证明。而且肯定地

说："人性之善也，犹水之就下。人无有不善，水无有不下。"他所指出人性中本自具有恻隐、羞恶、恭敬、是非之心，作为证明，是有相当的理由。但以水的就下，肯定形容人性的本善，确实有所商榷的余地。

同时，孟子提出告子等对于人性"无善无不善"的批判，使我们知道告子等学说的大概。如说："告子曰：性，无善无不善。""或曰：可以为善，可以为不善。""或曰：有性善，有性不善。"至于告子论据的重点，他认为："性，犹杞柳也。义，犹桮棬也。以人性为仁义，犹以杞柳为桮棬。""性，犹湍水也。决诸东方则东流。决诸西方则西流。人性之无分于善不善也，犹水之无分于东西也。"告子的理论，是否正确，暂且搁置。但以孟子所提出告子的这些话看来，它与现代流行西方文化中的机械心理学，却有异曲同工之妙。

而且更有趣的，告子一时大意，不懂论辩的理则（现代人所惯称的逻辑思考的方法），当时被孟子的纵横才气盖住了，当场吃瘪。如说："告子曰：生之谓性。孟子曰：生之谓性也。犹白之谓白与？曰：然。白羽之白也，犹白雪之白；白雪之白，犹白玉之白与？曰：然。然则犬之性，犹牛之性，牛之性，犹人之性与？"现在我们读了这节书，非常明显的，发生两个重要的问题：（一）告子所说"生之谓性"定义不太详尽。因为古代语文过于简化的关系，或者说，可惜告子不懂因明的法则，语焉不详，所以并未表明自己真正的主旨——是指有了生命活动能力的便叫做性呢？或是说性是与生命同时俱来的呢？（二）孟子善于辩论的方法，他抓

住了告子这个弱点，就说：既然“生之谓性”，那么，等于白与白是一样的喽？告子说：是。孟子跟着这一句“是”的答案，就说：那么，白羽的白，就等于白雪的白；白雪的白，就等于白玉的白吗？告子又答：是的。孟子因此便说：那么，狗的性，就等于牛的性；牛的性，就等于人的性喽？孟子这一论辩，相似于因明（印度古代论理学的名称）引用比喻的方法，以此难倒了告子。其实，平心静气地说，孟子所用的比喻，几乎是有引喻失义的嫌疑。告子一时懵懂，无理可申，只好就此吃瘪。至于本来的人性是善是恶，毕竟还是悬案未决。

荀子的性恶说

到了论争末期，荀子直截了当地提出性恶的论据，恰恰与孟子的观念成为强烈的对照。但要注意孟子与荀子都是历来公认为战国时代的大儒，只是儒家的分号，并非别处的杂货店。荀子说：“人之性恶。其善者，伪也。今人之性，生而有好利焉，顺是故争夺生而辞囔亡焉。生而有疾恶焉，顺是故残贼生而忠信亡焉。生而有耳目之欲，有好声色焉，顺是故淫乱生而礼义文理亡焉。……然则，人之性恶明矣，其善者伪也。”根据荀子这一节理论，他与西方文化中的唯物思想、经验学派、机械论者似乎都有相同的观点。但在此，只是指荀子对于性恶说这一观念而言，并非以偏概全，认为荀子的整体思想都是如此。如要研究荀子通盘思想与学术，必须熟读《荀子》全书方可，切勿因噎废食，顾此失彼。

扬雄的善恶混杂说

再后，到了汉代，扬雄便提出人性的善恶混杂的观念，如说："人之性也，善恶混。修其善则为善人。修其恶则为恶人。气也者，所以适善恶之也与？"扬雄这一观念，上半节等于是告子思想的变相，下半节引出气和人性善恶的关系，又是孟子思想"志者，气之帅也"的观念。这真是道道地地的善恶混说，好像很有道理，严格推究起来，到底言无所宗。

王阳明的见地

等次以下，历汉末、魏、晋、南北朝，而到唐、宋，理学之儒，崛然兴起，号称上接孔、孟的心法，下开百代的宗师们，或以性即是理，理即是性，或以理与气的二元而论性，阐说心性的玄微，愈说愈有性格，也愈使人迷离。再进展而到明代，有了王阳明的学说，对于性的问题，倒下了明确的定义——有名的阳明四句教："无善无恶心之体。有善有恶意之动。知善知恶是良知。为善去恶是格物。"但是，问题解决了没有？不但没有真正解决了问题，而且阳明先生四句教的本身却又产生了矛盾，他纵有晚年定论来补充，仍然有欠透彻。阳明先生既然肯定了性的体是无善无恶的，善恶只因意动而分，这便是第一重矛盾。试想这个能动的意，是否是由体上起用？如果意是由体上起用的，那么，体中本来就应含藏有善恶的功能，何以说体是无善无恶的呢？如果说意不是由体上起用，那么，这意又从何而来？而且它与无

善无恶之体对立，岂非是二元对立吗？同时，能知善知恶的这一知，又是否便是体上的良知呢？这又是第二重矛盾。如果是的，确见这个“知体”或“体知”，本来就含藏有善恶的功能，何以说体无善无恶呢？况且有了一个意，又有了一个知，都是体上起用的功能，究竟是三元一体——“一气化三清”，或是三元对立的呢？至于“为善去恶是格物”，那是行为伦理的道德修养原则，自然无可疑议。

我们大致了解了以上所举出中国哲学史上有关儒家对于人性善恶论的一些重要资料，关于人性究竟是善是恶的争端，已经约略明了了大概，如果肯下好学深思的功夫，“博学、审问、慎思、明辨”，便应当知道这个问题的关键所在了。西方的学者，或倾心于西方文化的学者，认为中国没有真正的哲学，也可以在这些问题上看出了端倪。

界说不清的症结

其实，说了半天中国哲学史上人性善恶观争辩的要旨，其中最大的关键，就是界说不清，大家只从建立行为道德的要点上争论人性本善本恶的定见，并没有先把行为道德的问题暂且搁置一边，先行严格探寻所谓人性的本身，它究竟是什么？而且更重要的界说关键在于大家所说的人性，是先天——形而上——父母未生以前的本性（它是否存在？又是这一问题中的问题）？或者是指有了生命以后的人性？应当先下一个研究讨论的范围，才好对此问题有进一层探讨的线索。总之，上自孟夫子开始，下至明、清以还的理学大儒，他们所讨论人性善恶之说，都是以有了生命之后的人性行为

作基准，而由此推测到先天——形而上的人性本体论，界说混淆不清，弄得一头雾水，因此论说纷纭，便成为众盲摸象，各执一端的流弊了。如果以有了生命以后的人性来说善恶，孟子、告子、荀子、扬雄，乃至王阳明诸家的说法，都有理由，可以成立。但可惜的是，这都是与遗传学、心理学、教育心理学等有关的问题，至于和真正哲学的本体论，则了无牵涉。以之而言行为心理学则可，如果就以此而论形而上学，还大有一段距离，实在需要细加审思探寻。

希腊哲学对人性的知见

提起西方文化，科学在现代的地位，具有决定性左右一切学术的权威。但到目前为止，无论科学如何的发达，所有代表西方文化的欧美文明，仍然还没有跳出宗教和哲学的范围，尤其是希腊哲学和《新旧约》的教义。

讲到希腊哲学，当然不能不追溯苏格拉底的思想。苏氏的生平，正如中国的圣人孔子所说一样——“述而不作”。要想研究他的思想学说，必须要从他的高足弟子柏拉图的《对话录》中寻找他的线索。苏氏虽未明确讲述人性本来的善恶问题，但在《对话录》中可看出他早期论述的部分思想，似亦主张“人性本善”，如《普罗太哥拉斯》篇中的记录，苏氏认为：“道德与智慧初无差别，而邪恶系由无知而来。”“正义、节制、勇敢……无有不同于知识者。”这应当是西方思想史上首次出现的“知德合一”的见解。其次《曼诺》篇中，主要说明“知识由于记忆而来”。由此可见苏氏认为人性本自具有善的真知灼见，本来的真知应该为善，人

之所以为恶者，由于没有知识，致使判断错误。这也便是西方哲学重视知识即道德之善行的主要源流。

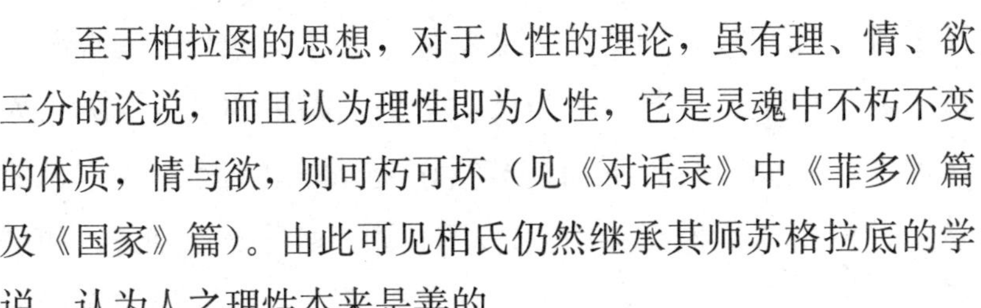

至于柏拉图的思想，对于人性的理论，虽有理、情、欲三分的论说，而且认为理性即为人性，它是灵魂中不朽不变的体质，情与欲，则可朽可坏（见《对话录》中《菲多》篇及《国家》篇）。由此可见柏氏仍然继承其师苏格拉底的学说，认为人之理性本来是善的。

到了亚里士多德手里，扩充其师柏拉图的人性灵魂的三分说："植物灵魂"司营养，"动物灵魂"司情欲，"人类灵魂"司理性。道德，即为协调这三者，使它们逐次达于至善之目的。如何在行为上确实使三者达到理想的境界，则有赖于知德与行德——实践之德的结合。总之，以理性控驭情、欲，为德行的究竟。而理之驭情，又需赖经验与事实上的抉择，以及习惯的养成。亚氏虽不明白涉及人性本来的善恶问题，但他认为凡物之善，其目的在求实现的特性。人之善，不仅在于动植物的两种灵魂，尤其重要的，在于理性特质的实现。由引可知亚氏亦认为人性本善，其至善者，乃由于习惯而来。这便是亚氏的思想，着重于经验论的色彩，使善恶两种极端尖锐地对立，为之缓和而成为有中性化的作用。所以有人批评，认为他所谓经验事实的抉择，还不及后世西方伦理学中自由意志的最高境界，这又属于另一问题，不必节外生枝去讨论它。

西方宗教文化的人性问题

此外，大家都知道，在西方文化中，如果不从宗教的经

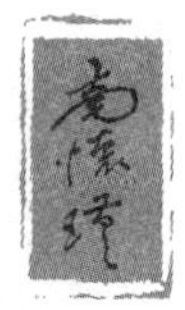

典《新旧约》开始研究，根本无法探讨西方文化的渊源所自。《新约》姑且不论，在《旧约》的《创世纪》中，谁都知道神（耶和华）创造了天地以后，又按照他自己的形象创造了人。但是，夏娃、亚当偷尝了伊甸园中的禁果，如果人性本善，又如何会为不善？虽然它没有提出人性本善本恶的专题，但由《创世纪》中叙述伊甸园的一番旖旎风光，便已看出人性本善的主旨；如果人性不是本善的，即使修善做义人，也无法返还到原路，钻进窄门，走回上帝的天堂！由此看来，便可为它下一结论："可怜禁果偷尝后，情欲由来最害人。"对吗？讲到这里为止，人性究竟是善是恶的问题，还没来得及作结论，更没有提出中国文化中道家与佛家有关人性问题的要义，便又引出人欲或性欲是否是恶与罪的问题来了！

有人认为欲非恶

有关人欲的问题，我的同乡黄美煌先生曾经写了一篇《欲非恶》的文章，又不耻下问地当面和我讨论。现在说句道歉的老实话，我真是既忙且懒，曾经托人要找这篇文章，但他始终未替我找来，所以一直没有拜读这篇大文，当时更无辞以对。现在讲到人性和人欲的问题，同时又扯到希腊哲学柏拉图理、情、欲三分的说法，不得不临时转向，先把中国儒家学说有关情和欲的观念，稍加解说。

我们都是中国人，中国人引用中国文化，本来便是自己的家产，也用不着分家分得太清楚。但如正式引用到学术上去，总要留心一点才是。我们常会听人说孔子说的"食、

色，性也”这句话。其实，错了，这句话是告子所说，而在《孟子》上记述出来的，孔子并没有说过这句话。只在《礼记》的《礼运》篇中，孔子曾经说过：“饮食男女，人之大欲存焉。死亡贫苦，人之大恶（可恶的恶）存焉。故欲恶者，心之大端也。人藏其心，不可测度也。美恶皆在其心，不见其色也，欲一以穷之，舍礼何以哉！”孔子与告子的话，语句虽有不同，但同样的，都是承认饮食与男女的色欲都是人欲或人心的大端。而且要特别注意的是，告子在这句话里所谓的“性”，并非代表他自己所说人性犹杞柳、犹湍水的本性，实在是代表原始人欲本能的属性。不信，可去仔细研读原文便知。那么，孔子、孟子、告子，他们认为人之大欲究竟是不是恶的呢？这可实在不易随便论断。在上文引用孔子的学说，夫子已经说过，人藏其心，实在不可能从外表去测度它，因为美恶皆在人心之中，不能够从外表的态度上看得出来，如果想要一贯的探求它的究竟，除了礼的作用，哪里能够呢？同时，在《礼运》篇中，孔子又把人之大欲，归到人的“七情”之内，所谓七情，便是喜、怒、哀、乐、爱、恶、欲。因此便产生后世的儒家有了性和情的理念。自汉儒董仲舒以次，姑且不一一列举，最为明显的，到了唐代李翱著《复性书》时，便确切地提出性、情的说法。至于欲的观念，约略而不重要。而欲是否就是罪，且待下文研讨。

人欲与天理说

此外，更有趣的是子思所著的《中庸》里，除了只提到喜、怒、哀、乐以外，从来没有提出他祖父孔子的“七情”，

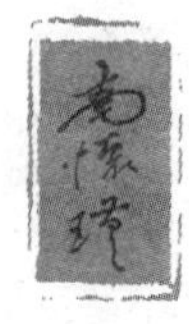

故无怪考据学家们对于这几本书的著作，怀疑到有问题了。考据的事，不是我们要讲的范围，暂且不管。因有孔子、孟子、告子提出的人性与性和情、欲等观念，到了宋儒的理学家手里，因袭了佛学的观念，采用《中庸》的“喜怒哀乐之未发，谓之中。发而皆中节，谓之和……致中和，天地位焉，万物育焉”的主旨，于是强调去人欲，存天理。“人欲净尽，天理流行”的说法，便普遍传习，成为宋儒儒学的中心思想。其实，以此而言道德的修养，则为不二法门；如以此而言形而上道的人性本体论，则当再加商榷。但这些思想学说，却与希腊哲学家苏格拉底、柏拉图、亚里士多德，何其不谋而合，多么相近！同时，我更怀疑康德的学说，某些地方有受宋儒思想影响的可能，所以我曾经建议一位专攻康德之学的学者，留意这个问题（本文有关学说，不详引原文，希望青年同学们能够由此抛砖引玉，启发慧思，肯去研读原典）。

儒道两家共通的观念

自从宋、明的儒者——理学家们，提出了天理与人欲的问题，为中国文化的伦理哲学与行为哲学方面，奠定了一个名词简捷易晓而内容充实的普遍道德意识。便是后世尽人皆知的做人和做事要凭天理良心的观念。但也很明显的，认为人欲的作用多半是属于罪恶的一面，所以去人欲存天理，便是理学的基本学问。理学家们既然自认是上接孔、孟的心法，我们对此又不得不再追溯到先秦之际足以代表道家的老子、儒家的孔子，看看他们对于天理与人欲的看法。

上文曾经扼要提引到孔子对于情和欲的观念。如果再要深入一点提引这些资料，便需要寻找经过孔子所整理的古籍文献，例如《礼记》中的《乐记》，曾有记载："人生而静，天之性也。感于物而动，性之欲也。"《曲礼》说："欲不可从。"都很明显地说出人欲的动向，而认为它是可怕的，是不可放纵的。至于孔子本人曾说："饮食男女，人之大欲存焉。"他并非直接认为人欲便是人性本有的正当行为，而只是说明人之所以为人，便自然而然地会有饮食和男女等基本的人欲，所以他又说："何谓人情？喜、怒、哀、乐、爱、恶、欲，七者弗学而能。"

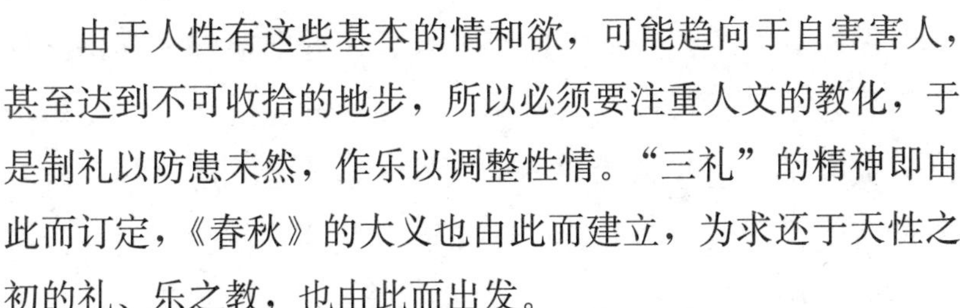

由于人性有这些基本的情和欲，可能趋向于自害害人，甚至达到不可收拾的地步，所以必须要注重人文的教化，于是制礼以防患未然，作乐以调整性情。"三礼"的精神即由此而订定，《春秋》的大义也由此而建立，为求还于天性之初的礼、乐之教，也由此而出发。

至于老子，除了着重于阐扬传统文化的道（体）和德（用）以外，并未确切提到人性和人欲的问题。除非把他所说的"道"字，强行拉到人性和天性的范围来讲，但总不免有点牵强的嫌疑，但是老子却提到"不见可欲，使民心不乱"的观念。在他简短的五千文中，只要有了这一观念，便可了解他所认为的人欲，也不是一个好东西。至少，它是"犯意"的先驱，受到所"见"的教唆而成为罪乱的主犯。所以他便提出"少私寡欲"，作为修养的方法和目的。此外，只有《易经》的《系传》里提到"成性存存，道义之门"两句，便成为后来儒道两家的共通原理。因此，由先秦而至现

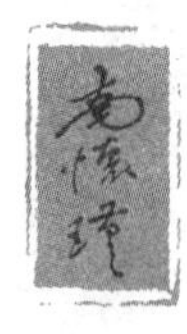

在，儒、道两家对于人性和人欲的概念，大体都是“同出而异名”地在应用了。

大乘佛学的原始人性本净论

中国文化思想中天性和人欲的问题，在传统的微茫混淆中，历经秦、汉、魏、晋到了隋、唐之际，因有大乘佛学思想的加入，便廓然大放光明，截然确立形而上（先天）的性理本元，与形而下（后天）的人欲界限，建立一个理论完整、体系井然的思想。但我在这里所说的大乘佛学也便笼统地包括了禅、密、天台、华严、唯识、三论、成实宗等的宗纲。但取其要义，变更它的名相而言，并非概约大乘佛学的整体思想。

大乘佛学思想认为原始的人性本来便是光明清静，含容万象万类，极其圆满，而与宇宙万有共同一体。当它在光明清静的元始之初，既非有善，亦非有恶，所谓善恶，都是人为后天的观点，不足以言先天的元始本性。如果勉强以善恶来论，应该称之为至善的，或纯净的，方差可比拟。但极其圆满的光明清净的本然之性，由于明极而忽然缘起无明阴影，由此动则易乱，于是便生起天地宇宙与人类万象了。从此由于元明的污染人性，愈动愈乱，愈乱愈动，因而迷失它本来的清净圆明，坚固地执著“我执”与“爱欲”，于是便形成分为段落的死生生死，而构成人世间永无休止的分段生命现象。基于此，所有大小乘佛学的基本精神，都是要求人性的自觉，破除由执为小我的后天“我执”，而返还到先天无余大我的自性清净。努力修正由“我执”、“爱欲”所起的

种种错误心理和行为，涤除由惑乱心理所构成人世间的烦恼苦果。

佛学所有的经论即由此基点出发，因此它薄视物质形器世间的所有，发出众生同体之慈以及无任何条件之悲心，呼召众生超越形质，返还形而上的光明清净，归到非善无恶的圆满自性之境界。例如著名而普遍流传的《法华经》、《楞严经》、《楞伽经》等，均以此为中心。又如《大涅槃经》以“常”（永恒）、“乐”、“我”（无小我的自性本元）、“净”等四象说明自性的圆明清净。而唯识法相的经典，则以剖析为“爱欲”所污染的心、意、识的阴暗面，指证出元始光明真净的本来。至于《华严经》却以宇宙万象本为一体，融会形而上道与形而下的物质世间，指证自性的体用互通，而达于光明清净的圆极。《般若经》等，便是直指智慧的自觉，而超证于形而上道的捷径。而禅宗心法的证悟，也就是证此一事，悟此一理。

隋唐以后佛学与儒道的互注

中国文化思想因为隋唐之际有了大小乘佛学思想的加入，于是魏晋以来《易经》、《老子》、《庄子》的三玄之学，更加发挥它精义的深度。唐、宋以后《易经》的理、象、数之学所突出的“太极”涵三、阴阳互变的哲理，也由此而充盈。至于曾子所著《大学》的明德致用，子思所著《中庸》的“天命之谓性，率性之谓道，修道之谓教。道也者，不可须臾离也”等观念，也由此而益增光彩。因此宋儒袭取佛道两家的思想，而代之以儒学为中心，存天理去人欲的修养方

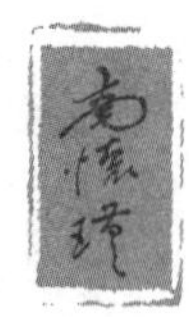

法，也由此创格。而我们也由此得以了解孔、孟之说，认清历来诸儒对于先后天的人性与人欲之间的界限，而了解原来颇多混淆之处，以及并未划清界说的弊病。

欲非恶与恶之前驱

综此以观，原有与生命俱来的欲的问题，它究竟是恶或非恶呢？我们可以说：欲并非全是恶的。但欲很可能为恶的前驱，那是毫无疑问的。佛说狭义的“爱欲”为生死业力的根本，也就是教人认清“爱欲”实为自私所生的过患，而须防患于未然。《曲礼》所谓“欲不可从”，也正同此意。亚当和夏娃在伊甸园中的一幕，何尝又非此意。

至于再把欲归纳到男女之间狭义的“爱欲”范围，而且认为欲就是罪恶，那是宗教性绝对道德的观念。宋明理学家也袭用了这严肃的一面，例如朱熹所说“世上无如人欲险，几人到此误平生”，就是由这严肃人格的观点而出发的。

至若《论语》中记载孔子所说的：“我欲仁，斯仁至矣。”那是以欲作为动词的说法，也可以说这是广义的欲，所以佛欲度尽众生，使之离苦得乐，此欲已经化除“私欲”与“爱欲”而成为伟大的愿力。人们若能涤荡“私欲”、“爱欲”的胸襟，不被物欲所拘累，而善于变化物欲，为人类建立一个庄严、美善的世界，则与释迦慈悲度世的愿力，孔子所谓“我欲仁，斯仁至矣”的仁欲，并无二致。所以有人说：“欲非恶。”我想，应作如是观。

东方出版社南怀瑾作品

论语别裁(上下)

话说中庸

孟子与公孙丑

孟子与离娄

孟子与滕文公、告子

原本大学微言

孟子旁通

孟子与万章

孟子与尽心篇

维摩诘的花雨满天(上下)

《瑜伽师地论·声闻地》讲录

金刚经说什么

药师经的济世观

圆觉经略说

楞严大义今释

楞伽大义今释

禅话

禅海蠡测

禅与生命的认知初讲

南怀瑾与彼得·圣吉——关于禅、生命和认知的对话

禅宗与道家

答问青壮年参禅者

定慧初修

如何修证佛法

学佛者的基本信念

中国佛教发展史略述

老子他说(初续合集)

庄子諵譁

列子臆说（上中下）
我说参同契（上中下）
易经系传别讲
易经杂说

静坐修道与长生不老
道家、密宗与东方神秘学
中国道教发展史略述

小言黄帝内经与生命科学
漫谈中国文化——金融 企业 国学
廿一世纪初的前言后语
南怀瑾讲演录 2004—2006

新旧教育的变与惑
人生的起点和终站
历史的经验
中国文化泛言（增订版）

Basic Buddhism：*Exploring Buddhism and Zen*（《中国佛教发展史略述》英文版）

Tao and Longevity（《静坐修道与长生不老》英文版）

图书在版编目(CIP)数据

新旧教育的变与惑/南怀瑾 著.—北京:东方出版社,2015.7

ISBN 978-7-5060-7629-6

Ⅰ.①新… Ⅱ.①南… Ⅲ.①社会科学-文集 Ⅳ.①C53

中国版本图书馆 CIP 数据核字(2014)第 172351 号

新旧教育的变与惑

南怀瑾 著

责任编辑: 胡喜云
出　　版: 东方出版社
发　　行: 人民东方出版传媒有限公司
地　　址: 北京市东城区朝阳门内大街 166 号
邮　　编: 100706
印　　刷: 环球印刷(北京)有限公司
版　　次: 2015 年 9 月第 1 版
印　　次: 2015 年 9 月第 1 次印刷
开　　本: 640 毫米×960 毫米　1/16
印　　张: 11.5
字　　数: 119 千字
书　　号: ISBN 978-7-5060-7629-6
定　　价: 25.00 元
发行电话: (010)64258117　64258115　64258112

如有印装质量问题,请拨打电话:(010)64258029